阅读成就梦想……

Read to Achieve

大数据掘金

挖掘商业世界中的数据价值

[美] 杜尔森·德伦（Dursun Delen） 著
丁晓松 宋冰玉 译

REAL-WORLD
DATA MINING

Applied Business Analytics
and Decision Making

中国人民大学出版社
·北京·

推荐序

杜尔森·德伦博士的著作简明清晰、内容丰富，为渴望了解数据分析、数据挖掘和"大数据"的读者提供了实用的学习工具。在商业活动越来越复杂、越来越趋向全球化的今天，决策者必须依靠现有的信息采取快速准确的行动，而这必须依靠现代数据挖掘和分析。本书明确了该领域当前的最佳做法，向读者——主要是学生和从业者——展示了如何应用数据的挖掘与分析发现数据隐含的规律与联系，如何利用这些信息改进并提升整个决策过程。

作者选取了适量的概念、技术和案例帮助读者真正理解数据挖掘技术的运行原理。这些技术包括：数据挖掘过程、方法与技术，数据的作用与管理，工具与量表，文本与网页挖掘，情感分析，以及接下来与最新大数据分析方法的整合。

在第1章中，作者巧妙地将数据分析的源头追溯到了第二次世界大战时期（见图1—2），使用下列期刊的读者信息作为数据：20世纪70年代的《决策支持系统》(*Decision Support Systems*)、20世纪80年代的《企业/高管IS系统》(*Enterprise/Executive IS Systems*)以及我们都听说过的20世纪90年代和21世纪初期的《商务智能》(*Business Intelligence*)，最后还有当前的《分析》

（Analytics）和《大数据时代》（Big Data）。第1章的内容为后续即将论述的数据挖掘打下基础。

在第2章中，作者对数据挖掘进行了简明易懂的描述，并进行了准确的分类，将数据挖掘与其他几个相关的术语区分开来，明确表示了数据挖掘的实际意义是发现知识。认识到数据挖掘实质上是在坚持许多原则的基础上解决问题与制定决策，无疑是思维上的一次洗礼，许多人都认为数据挖掘本身是一种新概念。这一章运用现实生活中的真实案例、具有启发性的图表以及平实的语言，向广大读者揭开了数据挖掘的神秘面纱。这种方法十分巧妙，将数据挖掘这样看似复杂而又富有技术含量的话题介绍给了普罗大众。

在第3章中，德伦博士以浅显易懂的形式向读者展示了规范数据挖掘过程的不同方法。该章介绍的第一种方法是数据库知识获取（Knowledge Discovery in Database，KDD），这种方法由业界先驱尤萨马·法雅德（Usama Fayyad）首创。德伦博士在讨论中展示了KDD技术，并用图表加以说明（见图3—1），清楚地显示了运用KDD技术进行数据挖掘的过程。与此同时，这一章还介绍了众多团体或个人提出的其他数据挖掘方案，这些方案共同构成了数据挖掘这一领域基本思想的沿革发展。为了显示这些方案的实用性，德伦博士还在最后提供了一个案例研究——"挖掘癌症数据，获取最新知识"。

第4章主要研究数据挖掘中使用到的数据，包括目前越来越频繁使用的文本数据（即非结构化、非数字性的数据，占当今世界可用数据的近90%）。数据准备是数据挖掘最重要的一步，要建立实际可用的模型，所用的数据必须经过处理统计，否则就像俗语中说的"无用输入，无用输出"。因此，在数据挖掘过程中近乎90%以上的时间都花在了数据准备这一环节。德伦博士竭尽所能采取种种方法统计整理数据，为进一步的数据分析做好准备，这些准备包括打造数据链，测试数据组，为学习者提供最人性化的k倍交叉核实界面（见图4—6）。

在第 5 章中，德伦博士介绍了最常见的数据挖掘运算，其讲解简明易懂，外行人也能看出门道。此外，他还全面介绍了神经网络与支持向量机（Support Vector Machines，SVM），使这些原本晦涩难懂的数学工具变得生动易学。其中，德伦博士亲自设计的演算示例也让本书物超所值。

第 6 章详细讲述了文本挖掘（即文本分析）。一开始，德伦博士引用了我们在 2012 年出版的《实用数据挖掘》（Practical Data Mining，我本人是这本书的主编）首次使用的图表。博士成功地将我们 1 100 页的著作浓缩成短短一章——事实上，这样的浓缩版本对初学者而言更有意义。干得漂亮，德伦！

最后，在第 7 章中，德伦博士介绍了当前分析领域一个炙手可热的名词——大数据分析。我们几乎每天都能在新闻中听到"大数据"这个词，它到底是什么意思呢？对不同的人而言，这个词有着不同的含义。但作为一个在数据挖掘领域活跃了 15 年以上的人，我可以说每时每刻都与大数据打交道。数据存储空间的成本越来越低，云存储逐渐进入人们的生活，一台小小的笔记本电脑都能够进行数据分析中的分配步骤和多线程运算。轻薄的平板电脑甚至能够胜过几十年前存放在开着冷气的库房中的主服务器。现在人们甚至可以用智能手机管理几个服务器和云存储。数据正日渐变"大"，而处理数据所需的物理实体却越来越"小"。

但是大多数人对大数据都存在着误解，至少在我看来是这样的。许多人认为数据挖掘必须用到大数据。我与住院医师有过 10 年的合作，他们希望在为期一年的项目中研究尽可能多的案例，但在有限的时间内只能找到一部分所需的材料。以传统统计学标准来看，这些小型数据组的研究是没有任何意义的，但是我发现，使用工具学习这种现代数据挖掘方法，往往能够从小数据组中得到有用的假设，获得从前使用传统费雪学派 p 值统计法不可能得到的信息。在 20 世纪，传统统计学还被认为是非主流的统计方法，而在 20 世纪以前，贝叶斯统计法（Bayesian statistics）曾统领了数据分析领域长达几百年之久。随着 21 世纪的到来，贝叶斯统计的现代形式，包括 SVM、NN 及其他工具学习模型卷土重来，我们又回到了贝叶斯的时代。虽然对于"传统统计训练"而言，还需要一定时间来理解和跟上时代的潮流，但是统计领域的前沿阵地无疑是属于贝叶斯统计法、数据挖掘和大数据的。

所有想要了解数据挖掘并在这一方面掌握一技之长的读者都应该选择这本书，当阅读到本书的最后一页就会发现，你已经完全了解这一领域，如蛹化蝶飞。

加里·麦尼 博士（Dr. Gary D. Miner）

戴尔信息管理集团软件事业部

高级分析师、医疗保健应用专家

（其两部著作曾经获得 PROSE 奖）

目 录

第1章 分析学入门 /1/
分析学与分析有区别吗 /3/
数据挖掘该归何处 /3/
分析学何以突然受到追捧 /4/
分析学的应用领域 /6/
分析学面临的主要挑战 /6/
分析学的发展历史 /8/
分析学的简单分类 /12/
分析学的前沿技术——以 IBM Watson 为例 /17/

第2章 数据挖掘入门 /25/
数据挖掘是什么 /28/
哪些不属于数据挖掘 /30/
数据挖掘最常见的应用 /32/
数据挖掘能够发现怎样的规律 /36/
常用的数据挖掘工具 /41/
数据挖掘的负面影响：隐私问题 /46/

第3章 数据挖掘过程 /54/
数据库知识获取过程 /54/
跨行业标准化数据挖掘流程 /56/
SEMMA /62/

数据挖掘六西格玛方法 / 66 /

哪种方法最好 / 69 /

第 4 章 数据与数据挖掘的方法 / 74 /

数据挖掘中的数据属性 / 74 /

数据挖掘中的数据预处理 / 77 /

数据挖掘方法 / 82 /

预测法 / 83 /

分类法 / 83 /

决策树 / 91 /

数据挖掘中的聚类分析 / 93 /

K 均值聚类算法 / 97 /

关联法 / 98 /

Apriori 算法 / 102 /

对数据挖掘的误解与事实 / 103 /

第 5 章 数据挖掘算法 / 112 /

近邻算法 / 113 /

评估相似性：距离度量 / 114 /

人工神经网络 / 117 /

支持向量机 / 128 /

线性回归 / 133 /

逻辑回归 / 138 /

时间序列预测 / 140 /

第 6 章 文本分析和情感分析 / 145 /

自然语言处理 / 150 /

文本挖掘应用 / 154 /

文本挖掘的流程 / 159 /

文本挖掘工具 /171/
情感分析 /172/

第7章 大数据分析学 /183/

大数据从何而来 /184/
定义"大数据"的V们 /186/
大数据的关键概念 /190/
大数据分析处理的商业问题 /195/
大数据科技 /196/
数据科学家 /205/
大数据和流分析法 /208/
数据流挖掘 /210/

译者后记 /213/

第 1 章　分析学入门

尽管商务分析学是个新名词，但最近却在商业世界中以前所未有的势头迅速升温。一般而言，分析学是指发现信息的方式和技术，即利用复杂的数学模型、数据和专业知识进行有效而及时的决策制定。从某种程度来讲，分析学的意义就是制定决策和解决问题。近年来，分析学也可以被简单定义为"发掘数据中有意义的规律"。在当今互联网时代，分析学所用的数据也逐渐向数量大、种类多的方向发展。尽管分析学更多地关注数据，然而许多分析学的应用对数据需求却很少甚至不需要数据。恰恰相反，这些应用使用的是依赖过程描述和专业知识发挥作用的数学模型（比如优化与仿真模型）。

商务分析学利用分析工具、技术以及原理来解决复杂的商业问题。企业往往通过分析数据来描述、预测和改善企业绩效。数据分析在企业中有众多的应用，具体如下：

- 改善企业与客户（此效应贯穿采购、退货、添货等顾客关系管理的所有过程）、员工及其他利益相关者的关系；
- 明确欺诈交易及不正当行为，以节省开支；
- 改善产品和服务质量与定价，提高顾客满意度，提升效益；
- 优化市场营销与宣传策略，在成本最小化的前提下通过准确的信息和宣传精准定位顾客；
- 优化库存管理和资源分配，利用优化驱动模型将资源在需要的时候运送到需要的地点，同时将成本降到最低；
- 在处理顾客关系或顾客相关问题时，为员工提供所需信息以便进行更好更快的决策。

"分析学"一词在短期内迅速成为一个备受关注的热词，在很多情况下替代了原来使用的术语，例如，情报、挖掘和发现。"商业智能"现在变成了"商务分析学"；"顾客信息"变成了"顾客分析学"；"网页挖掘"变成了"网页分析学"；"知识发现"变成了"数据分析学"，等等。由于现代数据（我们也称之为大数据）有着数量大、种类多、流动速度快的特点，因而数据分析学需要大量的计算。而分析项目所用的工具、技术、运算必须采用各行业技术水平最先进的方法，涉及到管理科学、计算机科学、统计学、数据科学以及数学等领域的知识。图1—1展示了与分析学和大数据相关的"词汇云"。

图1—1 分析与大数据词汇云

分析学与分析有区别吗

尽管分析学（analytics）与分析（analysis）二者之间常常可以互用，但二者并不完全相同。

从根本上讲，分析指的是将一个问题分解为若干个小问题，再对各个小问题采取各个击破的方法解决问题。这种方法往往适用于对整个系统的调查不方便或是不切实际，需要将其分解成更基本的部分的情况。一旦完成了部分的优化和检验，就可以通过合成方式将部分合成为整体。

而分析学指的是利用一系列研究方法、技术和相关工具发现新知识，解决复杂问题，进行更好更快的决策。从本质上来讲，分析学是一种多方面、多学科交融的解决复杂问题的方法。分析学利用数据以及数学建模来理解我们所生活的世界。虽然分析学在研究活动的不同阶段需要进行不同种类的分析，但它并不仅仅是分析，还包括合成等其他许多任务和步骤。

数据挖掘该归何处

数据挖掘指在大型数据组蕴涵的规律和联系中发现新知识的过程。分析学的目的是将数据或事实转化为具体可行的信息或情报，数据挖掘正是协助其达成该目标的关键。数据挖掘比分析学存在的时间要长得多，至少比现代意义上的分析学历史还要悠久。当分析学成为决策支持和问题解决技巧中首当其冲的术语时，数据挖掘则在更为广阔的领域里发挥着作用，包括判别变量（例如，市场篮子分析）之间关系的描述性研究以及建立模型估计相关变量未来值。本章稍后会介绍，在分析学的相关术语中，数据挖掘在从简单到复杂的各个层次上都扮演着至关重要的角色。

分析学何以突然受到追捧

如今，分析学是一个炙手可热的新词，无论你看哪本商业周刊或杂志，都能发现关于分析学或是关于分析学如何改变管理决策的文章。它是循证管理（evidence-based management，指基于事实或数据进行的决策活动）的一个新标签。但是，分析学何以变得如此受欢迎？时机为何偏偏是现在？这一名气的来源有三：需求、可用性与可负担性、文化变化。

来自商业活动的需求

众所周知，当今的商业再不会有"一成不变"的说法。过去的商业竞争往往是本地级、区域级、国家级，而如今的商业竞争已扩展为全球级别。无论是大型、中型还是小型商业，每个企业都承担着全球竞争的重担。过去曾在其地理范围内保护企业的关税与交通成本壁垒现在已经逐渐失去效力。除了全球竞争，消费者的需求也越来越高，甚至前者很可能导致了后者问题的激化。消费者想要以最低的价格出售最高品质的商品与服务，并且尽可能地在最短时间内送达。企业的成功乃至存活取决于其灵活机智的行动，及其管理者顺应市场驱动力（例如，快速发现并处理问题，快速发现并抓住机会）及时采取解决问题的最佳方案。因此，基于事实、质量更高、速度更快的决策显现出了前所未有的重要性。面对无法改变的市场环境，数据分析学将帮助管理者获取信息，更好更快地做出决策，提高企业的市场地位。目前，分析学已经被广泛看做是在国际商业活动中帮助管理者的救命稻草。

数据的可用性与可负担性

随着科技的进步，软件硬件的成本不断下降，企业能够大规模地收集数据。基于一系列感应器和 RFID 系统的自动化数据收集系统，大大增加了企业数据的数量和质量，再加上社交媒体等互联网技术提供了内容更为丰富的数据信息，如今企业收集的数据已经远远超过了他们能够处理的数据规模。正如俗语所说："他们沉浸在数据的海洋却仍然渴望知识。"

随着数据收集技术的进步，数据处理技术也得到了长足的发展。目前的处理工具有数不胜数的处理器以及大规模的存储能力，因此能够在合理的时间范围内（通常是即时）迅速处理大量复杂数据。软硬件技术的进步同时也反映在定价上面，此类处理系统的价格一降再降。除了购买处理系统，企业还可以使用服务型软（硬）件商业模式，允许企业（尤其是中小型财力有限的企业）租借分析技术，并根据其使用的部分付费。

文化改变

企业从很早开始就致力于摒弃传统的由灵感决定的决策方式，转而使用基于事实的新时代决策方法。业内大多数领军企业都曾有意识地进行基于数据或事实的商业活动。随着时代的进步，企业掌握的数据越来越多，高新技术设施越来越发达，使得这种观念上的转变正以人们意想不到的速度在发生。随着新一代有着量化思维的管理者取代"婴儿潮"一代管理者，这样基于事实的管理观念转变将会越来越多。

分析学的应用领域

商务分析学的浪潮虽然方兴未艾，却在很多方面得到了大量应用，使用范围几乎涵盖了商业活动的全部领域。举例来说，在顾客关系管理方面，我们有许许多多成功的案例，讲述企业如何通过制定精妙的模型来定位新客户、寻找追加销售（up-sell）或交叉销售（cross-sell）的机会、辨识消耗量大的顾客。企业利用社交媒体分析学以及情感分析，试图控制公众对其商品服务与品牌的舆论导向。产品检测、缓和风险、产品定价、优化营销策略、融资计划、员工留任、新人招聘甚至保险估计都属于分析学在商业方面的应用范围。从商业报告到数据存储，从数据挖掘到优化分析，在任何一个商业活动中都可能找到分析学应用的身影。

分析学面临的主要挑战

尽管分析学的优势是显而易见的，但应用分析学的主要弊端也导致了许多企业仍然踟蹰不前，其弊端包括以下几点。

- **分析学人才**。数据分析师，即能将数据转化为实际信息或情报的数据天才，在市场上十分罕见，找到真正适合的优秀人才十分困难。分析学本身是一门新兴学科，其人才资源也正在发展，许多大学推出了本科与硕士项目以弥补这一人才空缺。随着分析学的不断升温，企业需要将大数据转变为信息和知识以应对实际问题，对这方面的人才需求也会越来越大。

- **文化**。俗话说："江山易改，本性难移"。企业要从以灵感为基准进行决策的传统管理方式转变为基于数据和科学模型进行管理决策、收集企业知识的现代管理方式是十分困难的。人们往往不喜欢改变。改变往往意味着放弃我们过去已有或已经掌握的知识，重新学习如何进行工作，意味着我们经年积累的知识（也可以说是能力）有朝一日会全部或部分丧失。文化的转变也许是采用新型管理模式中最困难的一部分。

- **投资回报**。应用分析学的另一困难是很难确定其投资回报。分析学项目十分复杂，成本也较高，其投资回报并不能够马上见效，许多企业管理者在进行分析学投资时都会遇到重重阻碍，特别是大规模的投资。分析学的投资回报能够超过成本吗？如果可以，那何时能够开始盈利？要将分析学带来的好处转化为可测量的数据是十分困难的，它带来的大部分利益都是无形且作用于企业整体的。若使用得当，分析学可以使整个企业得以转型，将其提升到一个新的高度。要使投资回报量化，将企业活动向分析相关的管理活动转变，需要一系列有形与无形因素的共同作用。

- **数据**。现代媒体对数据有着极大的信心，将其视为改善企业行为的无价之宝。从很大程度上来说这是正确的，尤其当企业知道如何合理使用这些数据，其价值就更加珍贵。然而，对于那些不知该如何使用数据的企业而言，大数据反而成为了挑战。大数据不仅仅是数量"大"，而且还是非结构化的，其发展速度之快使传统收集处理的方式都望尘莫及，而且往往未经处理、杂乱无章。企业要在分析学上取得优势，就要具备经过深思熟虑的大数据处理方案，将数据及时转化为有价值的信息或情报。

- **科学技术**。尽管科学技术正逐渐变得可行、可用以及相对而言可负担，对于一些技术能力稍弱的企业，科学技术仍然是其使用分析学的一个壁垒。虽然进行数据分析的基础设施价格不再高不可攀，但其成本仍然是很大的负担。如果企业没有融资途径，也无法明确分析学的投资回报，管理者就不会愿意购买所需技术。对某些企业而言，分析服务模型（包括进行数据分析的软件和硬件设施）成本更低，实施起来也更容易。

- **安全性与隐私**。现代社会对数据和数据分析的最大诟病就是安全性。我们常常听到敏感信息遭到泄露的消息，而且事实上，真正安全的数据分析设备就是脱离了网络连接独立存在的设备，这显然已经违背了选择数据分析的初衷。数据安全的重要性使得信息安全成为了全球信息系统最受关注的部门。但是，正所谓"道高一尺，魔高一丈"，保护信息设备的技术日趋精妙，盗取信息的方式也越来越先进。个人隐私的安全同样受到高度关注。企业在使用顾客的个人信息时，无论是已知客户还是潜在客户，无论是否在法律许可的范围内，都应该尽可能避免或谨慎行事，以保护企业的公众声誉。

虽然有着这样那样的困难，分析学应用还是像雨后春笋一样蓬勃发展。无论企业规模大小，也无论其处于哪一行业部门，分析学应用都是企业当前必不可少的工作。商业活动的日益复杂，使得企业正试图在杂乱无章的商业活动中探索规律，能够全面发挥分析学能力的企业才能够获得最终的成功。

分析学的发展历史

虽然业内对分析学的追捧是最近才开始的，但分析学本身却早已存在。企业分析学的出现可以追溯到20世纪40年代第二次世界大战时期，当时急需有效的企业模型，以有限的资源创造最大的成果，在这一时期产生了许多优化与促进方法。分析学技术在商业领域的应用也有着悠久的历史，一个典型的例子就是弗雷德里克·温斯洛·泰勒（Frederick Winslow Taylor）在19世纪末期首次提出的时间与动作研究。随后亨利·福特（Henry Ford）测量了流水线的工作步调，并由此拉开了大规模生产的序幕。20世纪60年代，分析学吸引了更多的关注，电子计算机开始用于决策支持系统。从那时起，企业资源管理系统（Enterprise Resource Planning，ERP）、数据存储以及多种硬件和软件工具应用的发展共同促进了分析学技术的进步。

如图1—2的时间轴所示，自20世纪70年代以来，描述分析学的术语一变再变。20世纪70年代以前，即分析学发展的早期，数据是由国内专家通过人工操作（比如，采访与调查问卷）建立数学或信息导向的模型，在有限的条件下进行优化。其基本思想是用有限的资源做到最好。这种决策支持模型通常被称为运筹学（Operations Research，OR）。对于太复杂不能通过如线性或非线性规划等优化方法解决的问题，则要通过仿真模拟等启发式方法加以解决。

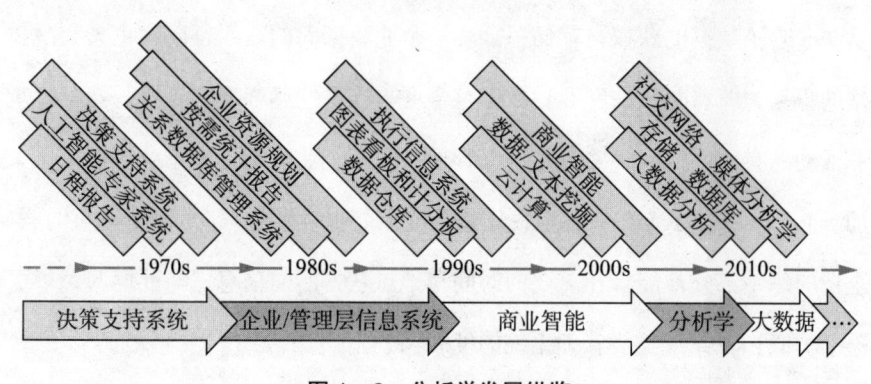

图1—2 分析学发展纵览

20世纪70年代，运筹学模型已趋成熟，在工业和政府系统中得到了相当广泛的应用。此外，还出现了一种激动人心的新型处理模型：规则导向专家系统（Rule-based Expert Systems，ESs）。这类系统将专家的知识以特定形式收集起来，使之适合计算机处理环境（即一组假设规则），这样人们就能够像咨询国内专家一样进行结构化问题的咨询，并获得解决方案。专家系统利用"智能化"的决策支持系统，让企业在需要的时间和地点获得稀缺的专家资源。20世纪70年代，企业才开始创建日程报告，通知决策制定者（管理者）前一阶段（如前一天、前一周、前一月或前一季度）发生的事情。了解过去固然重要，而管理者不仅仅需要了解过去，还需要一系列全面的报告，从各个层面更好地认识和处理多变的需求以及企业面临的实际困难。

20世纪80年代，企业处理商业相关数据的方式发生了极大的转变。过去的做法是利用若干个互不相关的信息系统获得企业不同部门或职能（例如会计、营销与销售、融资、生产等）的交易信息。20世纪80年代，我们将这些系统整合为一个企业级的信息系统，即ERP系统。过去最有序的非标准化数据代表计划逐渐为关系数据库管理系统（Relational Database Management，RDBM）所替代。这些系统改善了数据的获取与存储，加强了企业数据间的联系，同时也大大减少了数据的重复。随着时代的发展，数据整合度与连贯性逐渐提上日程，乃至影响到商业活动的有效进行，对关系数据库管理系统和企业资源管理系统的需求也大大增加。企业利用ERP系统，可以收集整合整个企业的数据，形成一个连贯的概要，使企业的每个部分都能够在需要的时间和地点获得所需信息。与此同时，很可能得益于类似ERP系统这类管理系统的发展，商业报告成为了约定俗成的一项规定。决策者自行决定何时需要或想要为企业问题或机遇撰写专项报告。

20世纪90年代，对内容更为丰富的报告书的需求促成了管理信息系统（专为管理者决策活动设计开发的决策支持系统）的发展。这类系统通常采取图表看板或计分板的形式，形象地展现出决策者最关注的企业要素——关键绩效指标。要实现这种内容丰富的报告书，同时还要保证商业智能系统的完整性，中间必须有一个过渡阶段作为库房对商业报告的撰写和决策的制定提供支持，我们称之为数据仓库（Data Warehouse，DW）。在短时间内，大多数大中型企业甚至采用数据仓库作为他们企业决策制定的平台。图表看板和计分板从库房中取得数据，这样就不会妨碍到商业交易系统，很多情况下这类交易系统指的是 ERP 系统。

21 世纪的第一个十年，数据仓库导向的决策支持系统开始被人们称为商业智能系统（Business Intelligence Systems）。随着库房中的数据纵向增长，处理软件和硬件的能力也要随之提高，以满足决策者不断变化的需求。处于全球竞争的市场中，决策者需要即时、移动的数据来迅速处理商业问题，抓住市场机会。数据仓库中的数据是阶段性更新的，并不能反映最新情况。为解决这一潜在的数据问题，库房开发者们设计了一个新型系统，以更快地更新数据，从而创造了实时数据仓库（Real-time Data Warehouse）这一技术。更准确地说，这应该是"准时数据仓库"，该系统可以根据不同数据项目对更新的不同要求采取不同的更新方式（因为不是所有的数据项目都需要实时更新）。数据仓库包含的数据数量大，种类多，因而我们需要在其中"挖掘"企业数据以"发现"新颖有用的知识财富，改善企业工序和活动，从而创造了"数据挖掘"和"文本挖掘"两词。随着数据的数量和种类的不断增多，企业需要更强的存储和处理数据的能力。大企业有条件解决这一问题，中小型企业则需要经济上更容易负担的企业模型。这一需求促成了服务导向的设施、软件以及服务设施分析学商业模型的兴起。小型企业也能根据需要获得分析学能力，而且只用负担自己所用那一部分的费用，避免了投资价格昂贵的软硬件资源。

进入 21 世纪的第二个十年，数据获取及使用领域必将迎来一轮新的转型。得益于互联网的广泛应用，出现了新型数据提供媒体。在所有新型数据源（包括

RFID 标签、数码电表、网页点击量、智能家电、可佩带式健康监控仪器等）中，社交网络及社交媒体或许是最有趣也最具挑战性的。这一非结构化数据包含着丰富的信息，但是对于计算机系统，无论是硬件还是软件系统，分析这些数据都是一大挑战。最近，人们又创造了"大数据"一词，强调这些新型数据流给我们带来的困难。为应对大数据带来的挑战，人们在软硬件方面都进行了改进发展，硬件方面的改进包括扩大计算机存储能力，同时进行大规模并行计算以及高度并行多处理器计算机系统；软件或算法方面的改进包括研发如 Hadoop 这种带有 MapReduce 编程模型和 NoSQL 数据库的分布式系统基础架构。

我们很难预测接下来的一个十年，数据分析将会有何发展，又会产生哪些与分析学相关的术语。信息系统尤其是分析学方面两个观念转型之间的相隔时间正在缩小，在可预见的未来，这种趋势仍然会保持下去。虽然分析学并非新兴事物，但其爆炸性的受欢迎程度的确是刚刚出现，也正是得益于大数据这一热潮，商业专业人士前所未有地获得了更多的收集和储存数据的方法、先进的软件处理工具、数据以及数据导向信息。因此，在应对全球竞争时，管理者有机会利用数据和分析学做出更好的企业决策，生产更好的产品，提高顾客满意度，提前发现并处理隐患，通过市场定位和定制化提高消费者参与程度，以增加收益、降低成本。如今，越来越多的企业对其员工进行有关分析学基本知识的培训，以提高每日决策过程的效度与效率。

分析学的简单分类

企业众多的相关因素导致其既需要做出更好更快的决策，又需要可用可负担的软件硬件技术，分析学正以前所未有的速度迅速升温。这种爆炸性的热潮会持久吗？许多行业专家对此持肯定意见，至少在可预见的未来，这一趋势不会减弱。一些最负盛名的咨询公司预测分析学在近几年里的增长速度将会是其他商业部门的三倍，并将分析学称为这十年最重要的商业潮流。对分析学的兴趣与实际应用迅速增多，相应地产生了将其进行简单分类的需要。顶尖咨询公司（埃森哲、高德纳以及IDT等）以及几个科技导向的学术机构已经开始着手进行这一分类工作。分类若是设置得当，受到广泛应用，就能为分析学创造文本描述，从而进一步加强公众对其的理解，包括了解分析学包括哪些内容以及分析学相关术语（如商业智能、预测模型、数据挖掘等）如何相互联系。运筹学与管理科学协会（The Institute for Operations Research and the Management Sciences，INFORMS）是参与本次分类的学术机构之一，为扩大影响，该协会聘请凯捷管理咨询公司（Capgemini）进行调查研究，并描述了分析学的特点。

凯捷公司的研究为分析学下了一个简洁的定义："分析学通过数据报告分析发展趋势，创建预测模型，为提高绩效而优化企业工序，从而帮助企业实现商业目标。"根据定义，此次研究得到的最重要的贡献之一就是，发现管理者认为一旦企业应用分析学，就会将其视为核心职能。分析学的应用涉及到企业中众多部门和职能。在成熟的企业中，分析学甚至可以覆盖整个企业活动。该研究定义了具有三层等级但同时又有部分重叠的分析学分类：描述性分析学、预测性分析学和指向性分析学。这三类分析学的等级分别对应着企业不同的分析学成熟程度。大多数企业都是由描述性分析学开始，再到预测性分析学，最后到达指向性分析学阶段，也就是分析学的最高阶段。虽然说这三层分类在复杂程度上等级不同，然而，低级与高级之间并无明显界限。也就是说，处于描述性阶段的企业可以同时零散地使用预测性分析学乃至指向性分析学方法。因此，企业由较低等级向较高等级的发展就意味着前一等级已经成熟，后一等级已得到广泛应用。图1—3用表格形式展示了这三种由INFORMS提出并得到业界领袖、学术机构广泛应用的分类。

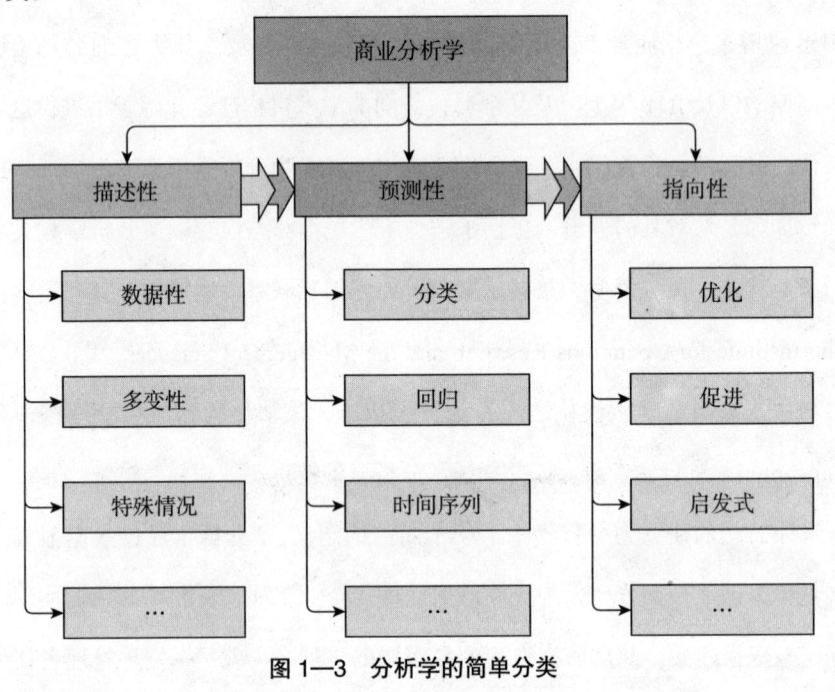

图1—3 分析学的简单分类

描述性分析学是分析学分类中的入门阶段，通常也称为商业报告，因为这一阶段的大部分商业活动都围绕着这样一些问题——"发生了什么"以及"正在发生什么"展开。此类报告包括定期（如每天、每周或每季度）向信息工作者（如决策制定者）发送商业交易的数据报告；持续向经理和管理层发布动态商业绩效指标，通常这些指标都采用图表等简明易懂的格式；如果决策者可以自己设计报告解决特定问题（通常是自己独创的鼠标拖放图表格式），该系统也能够发布这些特殊报告。

描述性分析学也称为商业智能，而预测性与指向性分析学统称为高级分析学。

因为由描述性分析学向预测性或指向性分析学发展的过程伴随着技术层面极大的转变，复杂度大大提高，因而进入了"高级"阶段。商业智能是自21世纪初以来为决策制定发展的最受欢迎的科学技术之一。直至分析学浪潮袭来，商业智能都广受业内欢迎，甚至从某种程度上来说，目前，该科技在商业圈仍然保持着热度。商业智能是进入分析学世界的钥匙，为更复杂的决策分析打下了坚实的基础。描述性分析学系统通常不需要专为其设计的大型数据库（也称为数据仓库）。

预测性分析学是紧随描述性分析学的下一等级。企业的描述性分析学发展成熟后就会进入这一阶段，在此阶段，企业的关注点会超越当前情况，进而思考另一个问题："将来会发生什么？"在接下来的几章中，我们将深入讨论各种分析技巧在数据挖掘中具有怎样的预测能力。在此，我们只是简单介绍一下预测性分析学的主要分类。从本质上说，预测指的是对顾客需求、利率、股市动态等因素未来的取值作出智能化或科学性的估计。如果要预测的对象是一个组别变量，这种预测就称为分类，否则，则称为回归；如果要预测的对象随着时间的变化而变化，这种预测过程就称为时间序列预测。

指向性分析学是分析学的最高层次。这种分析学就是在预测性或描述性分析学创造出来的多种方法中，利用复杂的数学模型确定解决问题的最佳方案。因此可以说，这类分析学要回答的问题就是："我应该做什么？"指向性分析学应用优化、模拟以及启发式决策建模技术。虽然作为分析学的最高层次，但指向性分析学所使用的分析方法却并不新颖。构成指向性分析学的大多数优化和模拟方法都是在第二次世界大战或战后时期创建的，当时人们迫切需要利用有限的资源达成最大化目标。自那以后，一些企业开始利用这些模型解决特定问题，例如，收益管理、交通模式、日程规划等。分析学中新的分类方法让这些技术重新受到关注，并在更多的商业领域和问题中大展身手。

图1—4以表格形式展示了分析学的三大分类，包括每一层级要回答的问题和所用的技巧。从图中我们可以看出，数据挖掘为预测性分析学创造了条件。

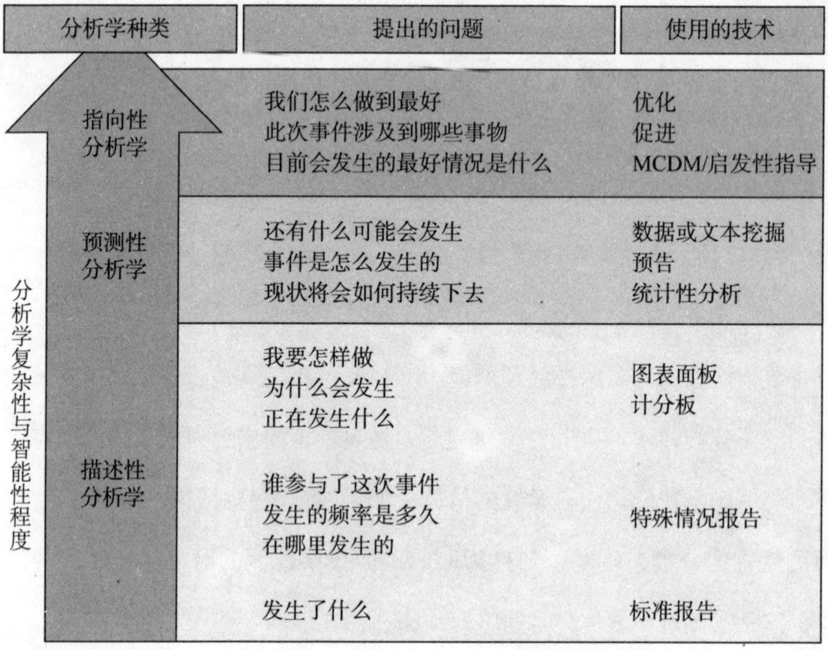

分析学种类	提出的问题	使用的技术
指向性分析学	我们怎么做到最好 此次事件涉及到哪些事物 目前会发生的最好情况是什么	优化 促进 MCDM/启发性指导
预测性分析学	还有什么可能会发生 事件是怎么发生的 现状将会如何持续下去	数据或文本挖掘 预告 统计性分析
描述性分析学	我要怎样做 为什么会发生 正在发生什么 谁参与了这次事件 发生的频率是多久 在哪里发生的 发生了什么	图表面板 计分板 特殊情况报告 标准报告

（纵轴：分析学复杂性与智能性程度）

图1—4 分析学的三种层次及其应用技术

商业分析学因其为决策者提供了成功所需的信息和知识而越来越受到欢迎。无论处在哪一阶段，商业分析学系统想要有效地发挥作用，都要依靠数据的质量和数量（包括实际数量和种类丰富性），依靠数据管理系统的准确性、完整性和及时性，依靠分析工具和过程的处理能力和复杂程度。认识分析学的分类有助于企业正确选择和实施合适的分析学技术，在成熟连续流中循序渐进。

分析学的前沿技术——以 IBM Watson 为例

IBM Watson 或许是迄今为止最为智能的计算机系统。自 20 世纪 40 年代末起，计算机技术和人工智能初现曙光，科学家就开始将这些"智能"机械同人脑相比较。据称，20 世纪 90 年代中期到 90 年代末期，IBM 的科学家就设计开发出了智能机器，并通过与人对弈围棋（围棋通常被视为智慧人类的游戏）来测试其能力。1997 年 5 月 11 日，IBM 计算机"深蓝"经过六场棋局打败了世界围棋大师，比赛结果是：深蓝胜两局，大师胜一局，三次平局。比赛持续了几天，受到了世界媒体的广泛关注。这次事件是人与机器能力对决最经典的分水岭。除了围棋比赛，发展此类计算机智能的目的还包括：研发新型药品，运行大规模金融模型来把握经济趋势、进行风险分析，在大型数据库中进行搜索，执行高精尖科学领域中所需要的大规模运算。

几十年后，IBM 公司的研发者又有了一个更具有挑战性的想法——打造一台能玩《危险边缘》（*Jeopardy!*）游戏而且能打败最佳玩家的机器。与围棋相比，《危险边缘》游戏更难玩：围棋是结构化的游戏，规则也很简单，很容易通过计算机程序完成，但是《危险边缘》游戏既不简单又非结构化。这款游戏专为人类智慧和创造力设计，因此与之相关的计算机必须是能像人类一样工作思考的、具有意识的计算机系统。理解人类语言与生俱来的不严谨性是设计成功的关键。

2010 年，IBM 公司的一支研究团队设计制造了一款划时代的系统——Watson。Watson 结合了当时最先进的软硬件，专为回答人类自然语言而设计。这款系统的设计是 DeepQA 项目的一个部分，其命名源于 IBM 首任总裁托马斯·沃特森（Thomas J. Watson）。设计团队一直在寻找一个能与深蓝的科学性及其所引发的公众关注比肩的研究难题，该问题还要与IBM公司的商业利益相关联。其目的是通过探索计算机技术对科学、商业和社会总体产生的新型影响来进一步发展计算机技术。IBM公司研究设计Watson的初衷是设计一款能在美国智力测试节目《危险边缘》上与人类智慧分庭抗礼的计算机系统，也就是创造一台能在节目中实时自动答题的比赛选手，能够真正进行听取、理解以及回答，而非仅仅停留在实验室阶段。

与《危险边缘》游戏高手过招

2011年，为测试其性能，Watson登上了《危险边缘》节目的舞台，这也是首次人与机器同时参加的智力比赛。在两局制、比分合计的赛程中（2月14日至16日播出的三期《危险边缘》节目），Watson打败了一直稳居奖金获得者宝座的布拉德·鲁特（Brad Rutter），以及冠军保持最长时间（75天）的肯·杰宁斯（Ken Jennings）。在这几期节目中，Watson一直领先于人类对手按下回答键，但是某些问题对Watson也十分棘手，尤其是那些通过几个关键词提供线索的问题。Watson那4TB的内存中，记录着多达2 000万页结构化与非结构化竞赛问题。在整个比赛过程中，Watson一直没有连接网络。

要解决《危险边缘》这个难题，需要处理整合及系列文本分析结果，应用自然语言处理技术，包括语法描述、问题分类、问题分析、自动获取评估答案源、辨别答案的本质和联系、逻辑生成以及信息表达推理。要在《危险边缘》节目中获胜需要精确计算回答问题的自信程度。问题和比赛过程是随机而嘈杂的，任何一个单一的计算公式都不适用。因此，答案的每一个组成部分都需要表现出一定的自信程度，所有成分组合起来决定了最终回答问题的自信程度，同时也决定着Watson是否回答该问题。用《危险边缘》的说法，答题的自信程度决定着机器能否"抢答"问题。答题自信程度的计算要在问题读出、抢答开始之前的时间里进行，通常在1~6秒之间，平均3秒左右。

Watson是怎么做到的

Watson背后的支撑系统是DeepQA，这是一个专注文本分析、基于概率性事件的大规模并行性系统。为了参加《危险边缘》节目，Watson使用了一百多种自然语言处理技术，辨别数据源，发现并进行假设，评估信息，将形成的假设分类。比IBM团队使用的任何技术更为重要的是如何将它们整合进DeepQA系统。例如，部分重叠方式能够充分发挥各种技术的长处，增强准确性、自信程度以及提高速度。

DeepQA使用的方法并不仅仅限于参加《危险边缘》竞赛，以下是该系统使用的核心准则。

- **高度并行性**。Watson在处理多种理解和假设时需要保持高度的并行性。
- **多位专家**。Watson需要整合、应用以及在特定环境中评估一系列具有松散联系的概率性问题，并进行内容分析。
- **答题信心估计**。Watson的任何单个组成部分都不能确保某个问题的准确性，所有的部分共同决定答题自信程度，其内含的自信度测量处理过程知道如何合成最终分数。
- **整合浅层知识与深层知识**。Watson需要利用多种本体论，在深层语义和浅层语义之间保持平衡。

图 1—5 高度概括了 DeepQA 系统，更多的系统组成部分细节及其具体角色和能力都记载在 Ferrucci et al.,（2010）的研究成果中。

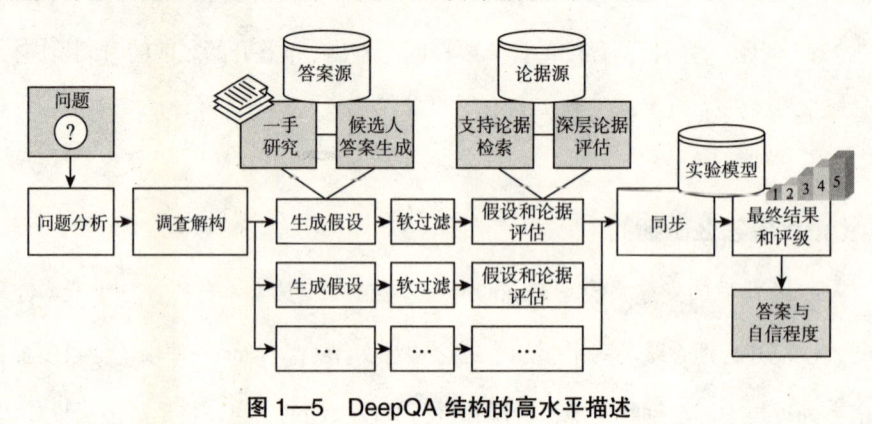

图 1—5　DeepQA 结构的高水平描述

Watson 的未来将何去何从

为解决《危险边缘》的难题，IBM 公司认识到了设计 DeepQA 系统以及安装 Watson 的必要性。经过由 20 名科学家组成的研究团队长达 3 年的探索与研发，在公司研究发展资金的支持下，Watson 在《危险边缘》节目上对准确性、自信度、速度的展现已经达到了人类答题高手的水平。

节目结束后，公司所面临的大问题是："现在该如何继续发展？"Watson 要一直作为益智答题机器而发展下去吗？当然不是！向全世界展示 Watson 及其背后的知觉系统能做出怎样的贡献，并成为企业发展新一代智能信息系统的动力。对 IBM 公司而言，这将向全世界展示前沿分析学和计算机系统有多大的发展潜能。其想要传达的信息是明确的：如果智能机器能够在人类最擅长的方面打败人类最强的选手，那么该机器为企业管理也将带来不可限量的好处。第一个应用 Watson 的工业部门是医疗卫生部门，接下来是安保、金融、零售、教育、公共服务以及科学研究。下面将向你简单介绍 Watson 在这些部门是如何发挥并且正在发挥作用的。

医疗卫生

当今的医疗卫生事业面临着巨大而多样化的挑战。由于生活水平的提高，科技发展促进了医疗事业的进步，美国社会老龄化程度不断加重，对医疗卫生服务的需求增长大大超过了其供给。众所周知，当供求出现不均时，价格就会上升，产品质量也会下降。因此，我们需要像 Watson 这样的智能系统来帮助决策者优化资源使用，从临床和管理两方面改善医疗卫生。

据医疗专家称，医生们用来进行诊断和治疗的医学知识中，只有 20% 具有实证基础。试想一下，每五年相关的医学知识量就会翻一倍，这些数据通常是非结构化的，医生们根本没时间查阅所有期刊，实时更新其知识储备。对服务的需求不断增长，医疗决策的制定又相当复杂，医疗卫生提供者又将如何解决这一难题呢？答案就是使用 Watson，或其他类似的智能系统，通过分析大量数据帮助医师诊断和治疗，其使用的数据既包括来自电子医疗记录数据库的结构化数据，又包括医生手记以及出版期刊等非结构化文本数据，这些数据能够为更好更快的医疗决策提供实证基础。首先，医生与患者用自然语言向系统描述症状和相关因素，Watson 从中找出关键信息，并从患者数据中挖掘出其家族病史、当前用药、治疗现状等相关信息，再将这些信息结合时下的最新发现进行测试，在分析多个信息源——包括治疗指南、电子医疗记录数据、医师护士手记、同行评论研究以及临床研究——后为可能的诊断作出假设。接下来，Watson 就能够提出诊断和治疗方案选择，每种方案都搭配相应的信心指数。

Watson 还可以整合同一时间在不同载体上发表的研究成果，使医疗卫生事业得以转型。它可以大大地改变医学院学生的学习方式，帮助医疗管理者提前掌握需求动态，优化资源分配，改善付款程序。早期使用类似智能系统的医疗机构包括 MD 安德森癌症中心（MD Anderson）、克利夫兰医疗中心（Cleveland Clinic）以及纪念斯隆-凯特琳癌症中心（Memorial Sloan Kettering Cancer Center）。

安保

互联网正渗透到我们生活的方方面面，从电子交易到电子商务，从智能电网到远程操控家用电器的智能房屋。这些事物在方便管理的同时，也加大了居心不良者侵犯个人生活的机会。我们需要 Watson 这样的智能系统，能够随时监测异常行为，阻止他人获得我们的生活隐私，对我们造成伤害。这一系统可以应用于企业管理，乃至国防系统，当然也可以用于个人防护。这类智能系统能够识别主人，充当电子护卫，发现生活中的干扰并在异常发生的第一时间通知我们。

金融

金融服务产业同样面临着复杂的困难。对金融机构的管理制裁不断增多，来自社会和政府的压力不断加大，其顾客的力量越来越大，需求越来越高，也越来越精明。如今，每天都会产生大量的金融信息，很难选择对于行业而言正确的信息。也许最好的解决方法就是更好地理解风险档案与企业运营环境，以创建更加智能的用户参与系统。主要金融机构已经开始在其工作程序中使用 Watson 传播信息。目前，Watson 在银行业、金融管理与投资等金融服务部门协助处理数据密集型问题。

零售

零售行业随着顾客需求和渴望的变化而不断发生着变化。移动设备和社交媒体使得消费者能够更快、更容易地获得更多的信息，这也使他们对商品和服务有了更高的期望。零售商一方面尽可能通过分析学来达到这些高期望，另一方面，其更大的难题是高效率地处理堆积如山的实时数据以获得竞争优势。Watson 的智能计算能力能够分析大量非结构化数据，帮助零售商重新规划定价、采购、分销和员工配置的决策过程。因为 Watson 能够理解并回答自然语言，它能够将社交媒体、博客以及顾客反馈中收集到的数据进行有效、量化的分析和反馈。

教育

学生的特点正在以前所未有的速度发生着变化：更容易受到视觉影响和刺激，经常登录社交媒体和社交网络，集中注意力的时间段越来越短。未来的教育和教室将会如何发展？下一代教育系统应该更适应新一代人类的需求，每个人都有自己专属的学习计划、专属的教科书（具备音频、视频、动态图片图表等多媒体的电子书籍）、灵活可变的教学课程以及有可能实现的智能电子教师和全天候私人教练。Watson 似乎能够满足以上所列举的一切需求。由于其具有自然语言处理能力，学生们可以像跟教师、教练、朋友一样交谈。这种智能教员能够回答学生问题，满足学生们的好奇心，帮助他们在教育之路上走得更好。

政府

对地区、区域、国家级政府而言，大数据的指数增长使其陷入了巨大的困境。如今，市民获得了前所未有的力量和信息，这就意味着他们对公共部门服务的期望更高。政府组织可以收集大量非结构化、未经证实的数据来服务民众，但是只有当数据经过分析处理后才能够更加有效地发挥作用。IBM 的 Watson 智能系统可以帮助政府处理海量数据，加快决策速度，使公共服务人员更加关注服务创新与发现。

科研

每年有数以千亿计的美元投资在科学研究发展方面，多数集中在专利与出版方面，由此产生了大量的非结构化数据。为了扩充不断扩大的知识库，人们需要在浩大的数据资源中寻找特定领域研究的范围。若使用传统方法，即便不说是不可能的，至少也是十分困难的。然而，Watson却能够充当研究助手的角色，帮助收集同步信息，使人们实时更新最近的研究成果。例如，纽约基因中心使用IBM Watson智能系统分析诊断患有高危脑肿瘤患者的基因数据，并根据这些数据为这些患者提供专属的生命救助治疗。

第 2 章　数据挖掘入门

数据挖掘是分析学最强大的工具之一，尽管其起源能够追溯到 20 世纪 80 年代末至 90 年代初，但它最有效的应用是在 21 世纪开始发展的。许多人将近期分析学受到的热烈追捧归因为数据挖掘应用的不断增多，为各管理层的决策者挖掘并提供了他们最需要的信息和知识。"数据挖掘"一词最早是指发现数据中未知的规律。软件商和咨询机构将这一定义扩展，使其包含了大多数数据分析过程，增加了数据挖掘的广度和执行能力，以提高数据挖掘相关的工具、服务的销量。随着"分析学"一词的不断发展，逐渐涵盖了数据分析的所有方面，数据挖掘也就退回到其原有的位置——在分析学中表示新知识的发现。

托马斯·达文波特（Thomas Davenport）是分析学领域一位德高望重的专家，他在 2006 年《哈佛商业评论》中发表的一篇文章中称，当前商业社会最新的数据武器是基于数据挖掘得到的新知识所做出的分析决策。他列举了亚马逊、美国第一资本投资国际集团（Capital One）、万豪国际等众多应用过或正在应用分析学的企业，这些企业通过使用分析学加深对顾客的理解，优化外围供应链，从而实现投资回报最大化，并为顾客提供最好的服务。只有当企业穷尽所有，包括使用描述性、预测性、指向性三种分析学，更加深入地了解顾客的所需所求，了解零售商、商业程序和外围供应链，才能够取得这样的成功。

数据挖掘是将数据转化成信息，进而转化为知识的过程。在知识管理的背景下，数据挖掘正是新知识产生的过程。比起数据和信息，知识是一种与众不同的事物。如图2—1所示，数据代表着事实、测量结果和统计结果，信息是实时处理或操控的数据（例如，在应用时间前去除了来自数据的干扰），与原数据相比，信息更容易理解。知识则是文本化、可执行的相关信息。举个例子，一张给出详细驾驶路线的地图可以看作是数据。在高速公路边张贴的前方施工提醒车辆慢行的告示板可以看作是信息。而在车辆倒车的时候，时时提醒路线的语音提醒则是知识。在这个例子中，地图之所被认为是数据，是因为其不包括两地间影响行车时间和状况的实时相关信息。然而，即使信息像这样提供当前具体状况，也需要驾驶人掌握避开施工地区的知识才能发挥作用。由此看出，比起信息，知识在特定环境下关于经验和反应的因素较多。

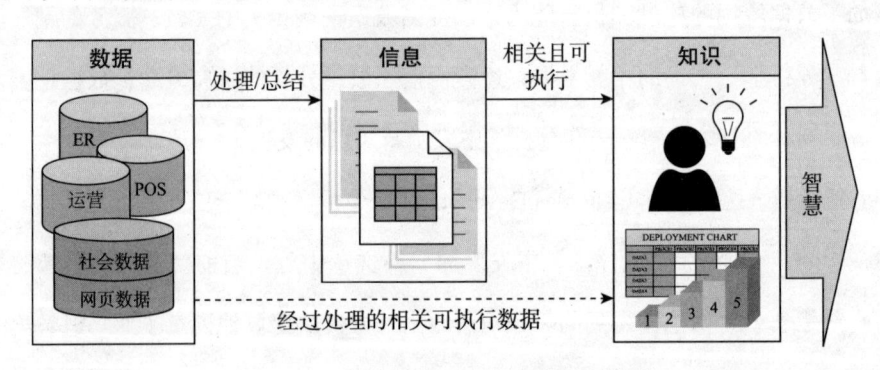

图2—1　从数据到信息到知识的连续转变

拥有知识意味着人们可以通过实践解决问题，而信息却不包含这一层意思，知识本身包含着行动的能力。举例来说，两个人在同一环境下获得相同的信息，却不一定具有相同的能力来利用可用信息达成相同的效果。由此可见，人与人之间为信息增加价值的能力是有差距的，而这种能力的差距也许是不同的经历、所受的不同训练、看问题的不同角度等多种因素所造成的。虽然数据、信息和知识都能够被视作企业的资产，但知识所包含的意义要比数据和信息的意义更加深远。由于知识向人们传递着意义，因此相比之下，它就具有更多的价值，但也更加短暂。

虽然"数据挖掘"一词对大多数人而言还是陌生的，但其背后的原理却并不新颖，数据挖掘使用的许多技巧都能在传统的统计分析学和20世纪50年代初产生的人工智能技术中找到源头。那么，为什么数据挖掘会突然在商业世界中受到了关注呢？下面我们谈谈这一现象产生的原因：

- **全球竞争愈演愈烈**。当前商业社会商品与服务的供应大于需求；
- **消费者需求不断变化**。社会中供给者越来越多，他们提供的产品与服务也越来越多（质量提高、价格下降、服务更快捷），消费者的需求正处于一个多变的阶段；
- **认识到数据的价值**。企业正渐渐认识到大型数据源中蕴涵的丰富价值；
- **管理文化的变化**。数据导向、事实导向的决策过程正成为常态，大大地改变了管理者的工作模式；
- **数据获取与存储技术进步**。收集并整合各种多源数据，形成标准化数据结构使得企业轻松获取消费者、经销商和商业交易的高质量数据；
- **数据仓库的出现**。数据库及其他数据存储以数据仓库的形式被整合进了一个单一位置，以支持分析学和管理的决策制定；

- **软件、硬件的技术进步**。计算机设备的处理和存储能力都大大提高了；
- **软硬件成本**。虽然处理能力提高，进行数据存储和处理的软件、硬件成本却在快速下降。
- **数据可用性**。生活在互联网时代，具备分析能力的企业有了更多机会发现并获取信息丰富的大型数据源（包括社交媒体和社交网络），从而能更好地认识我们所生活的世界。

数据无处不在。比如说，网上活动收集的数据增长速度极快，对其所达到的数量，我们在早些时候甚至没有确切的名字来形容。我们对染色体所包含的大量基因数据以及相关信息（通常以出版物和研究成果的形式发表在期刊或其他载体上）的收集遍布全球。天文学、原子物理学等学科每隔一段时间就会产生大量数据，医疗和制药的研究者不断创造和积累数据，并应用于数据挖掘中，为诊断和治疗病患，研发新药作出贡献。在商业领域，数据与数据挖掘最常见的应用集中在金融、零售及医疗卫生部门。数据挖掘广泛应用于检测并剔除欺诈活动，尤其在保险赔付和信用卡使用方面得到了好评；数据挖掘可以用于定位消费者的消费模式，吸引可能进行消费的顾客；从历史数据中发现贸易规律，利用市场篮子分析提高企业利润。数据挖掘的应用帮助企业更好地定位顾客，在电子商务得到普遍发展的今天，这无疑是企业发展所必不可少的。

数据挖掘是什么

从本质上来看，数据挖掘是从大量数据之中发现（即挖掘）知识（可用信息）的过程。当我们真正这样联想时，就会发现"数据挖掘"这个词并不准确，也就是说，从土石中挖掘金子，我们称之为"掘金"而不是"掘土"或"掘石"。因此，数据挖掘正确的名称应该是"知识挖掘"或者"知识发现"。尽管名不符实,但数据挖掘仍然是人们大多数时候交谈时所选择的词语。人们提出过用一些其他名称。例如,在数据库中发现知识、信息提取、模式分析、信息收集以及模式搜索等来代替数据挖掘,但是迄今为止,还没有一个词能够真正地起到替代作用。

数据挖掘是运用统计学、数学和人工智能技术与公式在大量数据中发现并提取有效信息和相关知识(或模式)的过程。这些模式可以是商业规则、亲密关系、相互联系、发展趋势以及发展预测。将数据挖掘定义为"在结构化数据库储存的数据中发现可信的、新颖的、有潜在利用价值、简明易懂的规律的复杂过程",这些数据都是由类别化、序数化以及连续的变量构成的。这一定义中有如下几个关键词:

- **过程**。表明数据挖掘包含着许多重复步骤;
- **复杂**。说明数据挖掘需要进行实验性研究和推断,并非像计算预先设定好的数量那样简单直接;
- **可信**。意味着发现的规律在应用于新数据时,其可信度要有一定保障;
- **新颖**。说明该规律过去在该系统运行环境中未被发现过;
- **有潜在利用价值**。意味着新规律对使用者或者应用任务要有所贡献;
- **简明易懂**。说明该规律要让企业意识到其意义,让使用者发现"这个(方法)很有效,我为什么不试试呢?"即使这种方法并不是一开始就让使用者意识到其价值,起码要在使用者进行几个步骤后展现出自身意义。

数据挖掘并不是一个完全新颖的学科,而是建立在其他学科相互影响相互融合之上的新方法。从某种程度上说,数据挖掘是一种新的理念,用数据和数学模型创建、获取新知识。数据挖掘通过一种系统和协同的方式使用了不同学科知识,包括统计学、人工智能、机器学习、管理科学、信息系统以及数据库(见图2—2)。

数据挖掘旨在整合这些能力,在大量数据存储中提取有效信息和知识。作为新兴领域,数据挖掘在短时间内吸引了广泛的关注,促进了分析学运动的产生和流行。

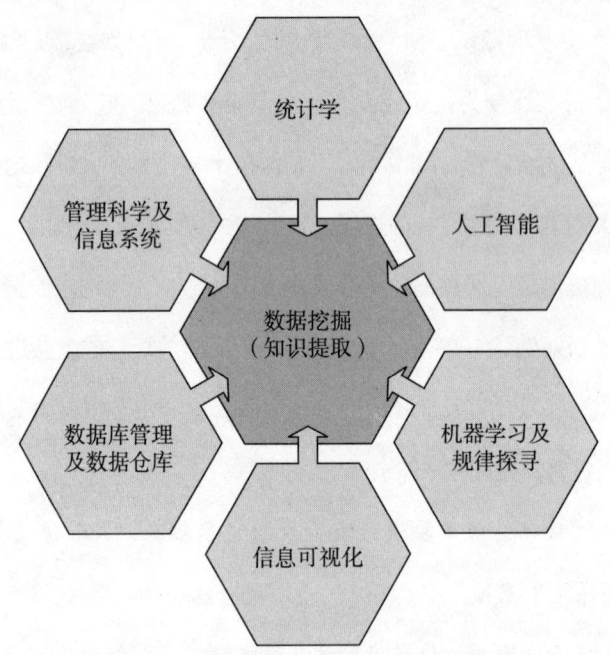

图 2—2 数据挖掘:多学科知识挖掘方法

哪些不属于数据挖掘

由于其强大的魅力,数据挖掘常常用来表示任何与数据相关的分析过程。举例来说,人们会将一般的网上搜索称为数据挖掘。虽然说网络搜索也是从大量、多样的数据或信息源中为特定问题寻找解决方法,也正是由于这个原因,网络搜索与数据挖掘很相似。然而,数据挖掘是利用统计或机器学习技术发现可重复使用规律的过程,这比单纯的网络搜索更为活跃、更具科学性。

另一种容易与数据挖掘混淆的概念是在线分析处理(Online Analytical

Processing，OLAP），在线分析处理是商业智能运动的核心技术，是一组利用数据魔方在大型数据库（或数据仓库）中进行搜索的数据库检索方法。数据魔方从多方面表现了数据仓库中储存的数据，同在线分析处理一起共同帮助决策者将企业数据切分为不同的片段，分别回答企业的不同问题，如"发生了什么"、"在哪里发生的"以及"什么时候发生的"，等等。在线分析处理听起来很复杂——而且如果从效率角度来看的话，它的确复杂——但它不是数据挖掘。在线分析处理可以看作是数据挖掘的早期形式，在将数据转化为信息和知识以进行更好更快的决策方面，二者甚至是互补的。在线分析处理是描述性分析学的一部分，而数据挖掘则是预测性分析学的核心组成部分。

关于统计学与数据挖掘的话题也是经久不衰，有人认为数据挖掘就是一种统计学，有人则认为统计学是数据挖掘的一部分，还有人则坚持两者是一回事。虽然我们在这里并不能彻底说清楚这些问题，但至少可以提几个关键点。数据挖掘与统计学有很多共同点，而两者最大的区别在于，统计学有一个预先规划好的命题或假设，数据挖掘却只有一个简单的发现计划。统计学收集一系列的数据（原始数据）来证明假设，而数据挖掘则通过分析现有数据（通常是可观测的二手数据）来发现新的规律和联系。两者之间的另一区别是使用的数据规模，数据挖掘使用的是尽可能"大"的数据，统计学则是选择规模合适的数据，如果得到的数据大于所需或所要求的量，统计学会选取数据样本进行研究。统计学与数据挖掘对"大规模数据"的定义是有差别的：几百或几千个数据个体对于统计学而言已经足够大了，但对于数据挖掘来说，需要上百万甚至几十亿数据才能够算作大型。

综上所述，数据挖掘并不是简单的网络搜索或是在线分析处理的常规应用，与统计学也有区别。虽然这些描述技术都能在数据挖掘中找到应用，但是数据挖掘本质上属于更高等级的分析学，应用数据和模型来发现蕴涵其中的奇妙规律（即联系与未来趋势）。

数据挖掘最常见的应用

数据挖掘已成为解决复杂商业问题，抓住商机的常用工具，在多个领域作出了贡献，接下来我们将会介绍其中的一些领域。现在已经很难找到哪个领域不涉及大规模的数据挖掘，而大多数应用的目的都是解决复杂问题，发现潜在机遇，以提升企业自身的竞争优势。

市场营销与客户关系管理

客户关系管理（Customer Relationship Management，CRM）是传统市场营销的延展，其宗旨是通过深入理解消费者需求，创建与客户一对一的关系。企业在通过各种渠道（包括产品调研、销售、服务请求、报修热线、产品评论、社交网络媒体）与顾客建立联系的过程中，收集了大量的数据信息。企业将这些数据与人口和社会经济特点结合起来，就可以用来判断新产品或新服务的最佳消费群体，获取消费者资料；理解消费者偏好的根本原因，提高顾客忠诚度；发现产品与服务之间的时间周期联系，最大化提高销售额和顾客满意度；找出最大消费群体的消费需求，以加强联系，促进销售。

银行与金融

数据分析能够帮助银行等金融机构解决各种问题，通过精准预测和识别常见错误，推动贷款工作的流程化和自动化；检测虚假信用卡使用、网上银行诈骗；

针对客户投其所好，将消费者满意度最大化；精准预测银行机构的现金流（如自动提款机、银行分行等），优化现金回收。

零售与物流

在零售业，数据挖掘可用于预测特定零售点的销售量，决定合适的库存水平；通过市场篮子分析，发现不同商品之间的销售关系，优化商店布局，有利于促销；根据季节和环境条件，预测不同产品的销售水平；通过分析传感器和 RFID 标签，发现商品在供应链中的流动规律，尤其是对于那些易过期、变质、污染的短生命周期产品。

制造业

制造业能够利用数据挖掘在问题发生前检测出机械故障，使企业能够实时检修；发现生产系统中的异常和共性，提升生产能力；发现新的生产模式，优化产品质量。

经纪业与证券交易

经纪人和交易商利用数据挖掘预测特定股票和证券价格变化的时间和变动方式，估计市场波动的范围和方向，预测特定时间对整个市场运作的影响，发现并检测证券市场的欺诈行为。

保险业

保险业利用数据挖掘技术预测财产和医疗垫付的保险金额，更好地实施行业规划；根据保险申领和顾客数据更好地进行赔率设计；预测哪一位顾客最有可能购买具有一定特色的新产品；发现并预防不正当保险申领和欺诈行为。

计算机硬件和软件

数据挖掘能提前预测磁盘驱动器故障，发现并过滤网页的无用内容和垃圾邮件；监测并预防计算机网络安全桥；发现具有潜在威胁的软件产品。

政府与国防

数据挖掘在政府部门和军事部门发挥着广泛的应用，能够预测由于军队人事和部门变动带来的成本损失；监控敌方动向，协助军事行动制定更好的策略；预测资源的消耗量以做出更好的规划和预算；记录特殊事件、决策的经验，吸取军事行动的教训，将这些经验教训转化为知识传达给整个组织。

旅游与住宿

数据挖掘在旅游业也有着长足的发展。它能够精确预测不同服务的销售量（包括航班的不同坐席、酒店或度假村的不同房间、租车公司的不同车型等），制定最优价格方案，使利润最大化（通常称这种策略为收益管理）；预测不同地区的不同需求以合理安排有限的企业资源；找出能带来最大利益的顾客，向其提供定制服务，保证消费者忠诚度；通过辨别人员损耗的根源，留住有价值的雇员。

卫生与医疗保健

数据挖掘在医疗卫生领域有广泛应用，能够帮助个人和群体培养更健康的生活方式（通过分析健康监测仪收集的数据）；找出没有购买医疗保险的人群，并分析出现这一现象的原因；发现不同治疗方案之间最佳的成本—效益关系，制定最有效的决策；预测不同服务区域需求的水平和时间，优化企业资源配置；分析消费者和员工浪费的隐含原因。

医疗业

过去，传统医疗主要依靠临床实践和自然生物研究，数据挖掘在制药业的应用是传统医疗研究一项十分有价值的补充。数据挖掘分析可用于发现新的治疗方法，提高癌症病人的治愈率；预测器官移植的成功率，优化捐献者与受捐者之间的配型政策；检测人类染色体上的不同基因的不同作用（通常称为基因组学）；辨别疾病症状与病理的关系（也包括患病与成功治愈的关系），帮助医师及时做出决策。

娱乐业

数据挖掘已经成功应用于娱乐业，通过分析收视率判断黄金时间播送的节目，以及何时插入广告能获取最大利润；在制片前预测电影上映带来的经济回报，以制定投资决策，将收益最大化；预测不同地区不同时段的收视需求，更好地规划娱乐活动时间，合理安排资源；制定最优价格政策，获取最大收益。

国土安全与法律执行

数据挖掘在国土安全和法律执行方面也发挥着作用。数据挖掘常用于侦查恐怖分子的行动，发现犯罪动态（例如，发现犯罪地点、犯罪时间、犯罪行为和其他相关事宜），帮助警方及时破案；分析特制检测仪数据，排查并严防针对国家核心机构的生物和化学袭击；发现并排查针对核心信息机构的恶意攻击（通常称为信息战争）。

体育

数据挖掘曾被美国NBA队伍用于改善团队成绩。主要的棒球联赛队伍也利用数据挖掘和预测分析优化资源使用效率，取得赛季胜利。事实上，《点球成金》这部电影正是讲述了分析学在棒球方面的应用。如今，大多数职业运动都在利用数字计算机和数据挖掘来提高队伍的获胜率。数据挖掘的应用并不仅仅局限于在职业运动中创建了一个模型，分析两个队伍之前的比赛数据，估计全国大学体育协会（NCAA）的决赛结果。赖特（Wright）使用一系列预测系统分析NCAA男子篮球赛冠军队伍类型（篮球赛决赛也就是俗称的"疯狂的三月"）。简言之，数据挖掘能够预测体育比赛结果，发掘针对特定队伍的取胜方法，发挥可用资源（包括资金、管理、运动员）的最大价值，为团队取得最大的成功。

数据挖掘能够发现怎样的规律

利用最相关的数据（通常来自企业数据库或者外源资源），数据挖掘能够建立模型，发现数据组中不同事物（包括变量和性质）所隐含的规律。模型通常用数学形式表达数据组中包括顾客在内的事物之间的关系，分为简单线性关系以及复杂的高等非线性关系。这些规律有些是解释性的，即解释了内在关系和不同事物之间的联系；另一些则是预测性的，即预测了一定事物未来的价值。总而言之，数据挖掘要寻求的是以下三方面的规律。

- 关联是发现通常情况会一起出现或发生的事物。例如，"啤酒与尿不湿"或者"面包与黄油"等通常会成为消费者一起购买的商品（即市场篮子分析）。另一种类型则是发现事物之间按先后顺序发生的规律。这类序列规律能够检测出时间序列相关的事件。例如，预测一位开了活期账户的银行顾客在办理投资账户一年内，一定会开定期账户。
- 预测是根据过去发生的事件，预言特定事物未来的发展状况，例如，预测超级碗的冠军或是预告某一天的具体温度。
- 聚类根据事物特性将其分组。例如，根据消费者的人口信息和以往购买信息将其划分到不同的市场分区。

这些类别的规律在过去几个世纪都是靠人工从数据中提取的。然而，现代社会中由于数据量剧增，我们需要更加自动化的分析方法。数据组规模更大，更加复杂，直接的人工数据分析已经逐渐为使用精密公式、方法和运算的自动化间接数据处理工具所取代。数据分析向这样自动化、半自动化方向的转变说明了数据挖掘已经愈来愈成为处理大型数据工作的代名词。

前文说过，通常而言，数据挖掘的任务和发现的规律可以分为三组：预测、关联、聚类。根据从历史数据中发现规律的方式不同，数据挖掘使用的运算方法可以分为有监督和无监督两种。有监督的运算，运算数据包括描述性特点（如独立变量或决策变量），也包括分类特点（如产出变量或结果变量）。相比之下，无监督的运算数据只有描述性特点。图2—3展示了数据挖掘任务的一个简单分类，包括每种任务使用的方法和常用的运算公式。除了这三种类别，预测性规律或模型还可以划分为有监督的挖掘方法结果，练习和分组规律或模型则能够被划分到无监督结果的类别。

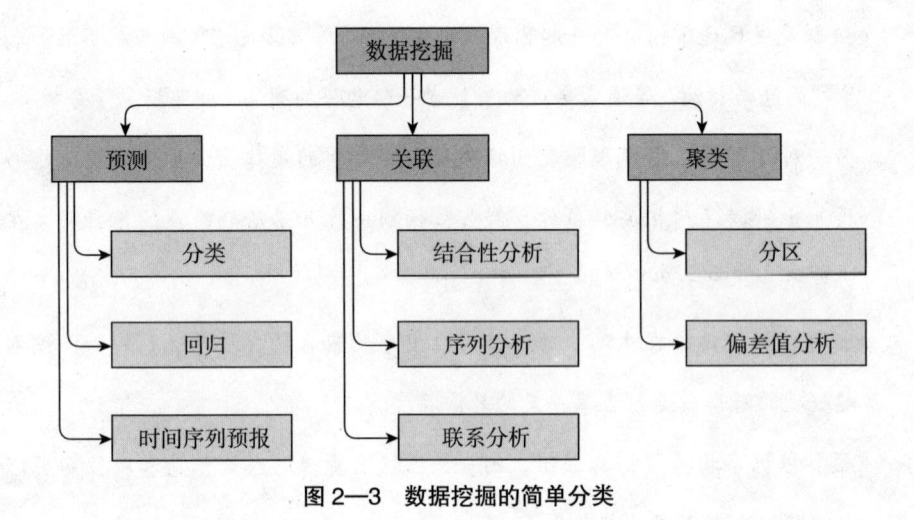

```
                    数据挖掘
          ┌────────────┼────────────┐
         预测          关联          聚类
       ┌──┤          ┌──┤          ┌──┤
       │ 分类        │ 结合性分析    │ 分区
       │             │             │
       │ 回归        │ 序列分析     │ 偏差值分析
       │             │
       │ 时间序列预报 │ 联系分析
```

图2—3 数据挖掘的简单分类

预测通常用于预言未来。不同于简单通过经验、观点或其他相关信息进行预言。与预测有紧密联系的一个词是"预报"（forecasting）。尽管许多人认为两者可以互换，但实际上它们存在着根本区别。预测很大程度上基于经验和观点，而预报则基于数据和模型。也就是说，根据结果的可靠程度，人们可以将这些词按照这样的顺序排列：猜测、预测、预报。在数据挖掘术语中，预测和预报是可以互换使用的，预测一词通常也用来指代这一活动。根据预测事物的特性，预测又可以分为分类（当被预测的事物属于某种类别时，如明天的天气是"晴"或"有雨"）和回归（当被预测的事物是一个确定的数值，如明天的气温是"华氏65度"）。

分类，或称为有监督归纳，是所有数据挖掘最常见的任务。分类的目的是分析历史数据，自动生成模型，预测未来发展。该模型由历史数据记录所隐含的一般规律组成，帮助分析潜在的类别分组。人们希望能够使用该模型对其他未经分类的数据进行分类。更重要的是，同时准确预测其未来的发展趋势。

常用的分类工具包括神经网络和决策树（来源于机器学习）、逻辑回归和无差别分析（来自传统统计学）以及新型的工具如粗糙集、支持向量机和遗传算法。基于统计学的分类方法（如逻辑回归、无差别分析）存在着一定的缺陷，对数据作出了诸如独立性和正态化等不切实际的假设，这在一定程度上限制了其在分类型数据挖掘项目中的应用。

神经网络（见第5章，我们将对这一常用机器学习算法作更为详细的介绍）包括建立数学结构（这一点类似于人脑的生物神经网络）以总结经验，挖掘结构化数据组信息。当涉及到的变量数量大、关系复杂模糊时，这种方法尤为有效。当然，神经网络也有利有弊。举例来说，我们很难对神经网络作出的预测进行理性分析，而且，神经网络也需要经过大量的训练。需要进一步指出的是，神经网络训练所需的时间随着数据的增加而不断上升。一般而言，神经网络不能用于非常大的数据库。这些问题限制了其在大数据领域的应用能力。

决策树根据输入变量的值，将数据分为有限多个类别，从本质上来说是一组有层次的假设条件，因此比神经网络技术速度快得多。决策树技术最适合应用在无条件和间隔数据上。因此，将连续变量整合进一个决策树结构中需要将数据进行离散化——也就是将连续赋值的变量转化为范围和类别。

与分类工具相关的另一种类型是规则归纳。不同于决策树，规则归纳使用的假设条件直接从数据中归纳而出，本来就不需要具有层次和级别。另一方面，目前新型的工具粗糙集、支持向量机和遗传算法都在分类算法中寻得了一席之地，在第5章中，我们会对其作进一步详细分析。

关联法通常在数据挖掘中被称为"关联规则"，是在大型数据库中探索变量间有趣关系的一种广受欢迎又经过充分研究的方法。得益于自动化数据收集技术，如条形码扫描。应用关联规则分析产品在超市收款处记录的大量交易数据里隐含的规律，已经是零售业众所周知的内容。在零售业中，关联规则通常被称为"市场篮子分析"。

关联规则的两个常用衍生产品是关联分析和序列挖掘。利用关联分析，能够自动检测相关事物之间的联系，例如，网页对学术出版物的引用与作者的关系。利用序列挖掘，能够按照时间的先后顺序检测出事物之间的联系来。关联规则常用的挖掘公式包括 Apriori（用于频繁出现的事物）、FP-Growth、OneR、ZeroR、Eclat。第 4 章中将介绍一个使用 Apriori 的例子。

聚类是将一个事物集合（如物品、事件等以结构化数据库形式储存）划分为不同的组段（或者自然类别），同一组段的元素具有相似的属性。不同于分类，在聚类中，组别名称是不确定的。选择算法应用于数据组后，根据元素的特性发现它们的共同之处，建立聚类。由于聚类依据的是启发式算法，同一组数据，使用不同的公式会形成不同的聚类。在聚类结果付诸实际应用之前，应有专业人士对其进行整合和调整。在确定了合理聚类后，它们才能够对新数据进行分类和整合。

聚类技术中包含优化步骤，这一点不足为奇。聚类的目的就是创建组别，并且使同组中的元素相似度尽可能大，不同组间的元素相似度尽可能小。最常用的分组方法是统计学中的 k-means 方法，和机械学习中的自组织映射，后者是 Kohonen 于 1982 年提出的一款独特的神经网络工程技术。

企业通常有效利用数据挖掘系统的聚类分析功能进行消费者分区。聚类分析将具有相似特性的数据分在同一组，该分析适合应用于消费者分区，便于企业在正确的时间以正确的价格将产品推销给适合的消费者。聚类分析也应用于确认不同事件或对象的自然分组，以便找出每一组的共同特定进行描述。

与数据挖掘有关的两大技术分别是可视化和时间序列预测。可视化可以与其他数据挖掘技术共同使用，深入了解事物之间暗含的联系。近年来随着可视化技术不断的发展，出现了"视觉分析学"一词。视觉分析学指的是在简单环境中将分析学与可视化技术结合起来，以便更快、更容易地创造新知识。我们将会在第4章详细介绍视觉分析学的内容。在时间序列预测中，包含同一变量值的数据会按照时间的先后顺序收集起来，然后生成预测模型，预测该变量未来的取值。

常用的数据挖掘工具

有很多软件商提供功能强大的数据挖掘工具。有些软件商只提供数据挖掘和统计分析方面的软件，还有一些较大的软件公司提供更多种类的软硬件，除了数据挖掘软件，还包括咨询方面的产品。著名的数据挖掘工具的供应商包括：IBM SPSS 软件（曾用名为 SPSS PASW Modeler and Clementine）、SAS 企业挖掘软件（Enterprise Miner）、统计数据挖掘（StatSoft，目前是戴尔公司的子公司）、KXEN（Infinite Insight，目前是 SAP 公司旗下子公司）、Salford（产品包括 CART、MARS、TreeNet 以及 RandomForest）、Angoss（产品包括 KnowledgeSTUDIO 和 KnowledgeSeeker）及 Megaputer（产品有 PolyAnalyst）。值得注意的是，生产出最受欢迎的数据挖掘工具的企业无一例外都是在统计软件方面遥遥领先的公司。例如，SPSS、SAS 和 StatSoft。这很大程度上是源于统计学是数据挖掘的基础，同时，这些公司也能够以低成本将其发展为整个领域的数据挖掘系统。

大多数商业智能工具开发商，例如，IBM Cognos、甲骨文 Hyperion、SAP Business Objects、Microstrategy、Teradata 以及微软，在一定程度上都具备将数据挖掘技术整合进其软件中的能力。目前，这类商业智能工具仍主要用于多角度模型和数据可视化的描述性分析水平，并非真正的数据挖掘工具。

除了商业化数据挖掘工具，互联网上也有几个开源的免费数据挖掘软件工具。历史上最著名的免费（同时开源）数据挖掘工具是 Weka。该软件由新西兰怀卡托大学的众多研究者共同开发（现在还能够在 cs.waikato.ac.nz/ml/weka/ 网址上下载该软件）。Weka 包含大量公式，能够解决不同的数据挖掘问题，用户界面智能时尚。另一款新近开发并很快在网上积累人气的数据挖掘工具是 RapidMiner，由 RapidMiner.com 网站开发（可在 rapidminer.com 下载）。该软件在用户界面中加入大量图表元素，适用的计算公式数量更大，加入大量数据可视化特色，这一切使其有别于其他免费的数据挖掘工具。此外，另一款同样使用图形化用户界面的免费开源工具是 KNIME，可在 knime.org 网站下载。

免费软件如 Weka、RapidMiner 和 KNIME 与商业化数据挖掘工具，如企业挖掘软件、IBM SPSS Modeler 和 Statistica 的主要区别在于计算效率。同样的数据挖掘，使用同样的数据组，免费软件完成起来花费的时间更长。对于某些算法，免费软件甚至不能完成（例如，免费软件可能因为不合理使用计算机存储而导致系统崩溃）。表 2—1 列出了主要数据挖掘产品及其网址。

表2—1　　　　　　　　　　常用数据挖掘软件工具

产品	网址（URL）
SAS Enterprise Miner	sas. com/technologies/bi/analytics/index. html
IBM SPSS Modeler	spss. com/Clementine
Statistica	statsoft. com/products/dataminer. htm
Intelligent Miner	ibm. com/software/data/iminer
PolyAnalyst	megaputer. com/polyanalyst. php
CART, MARS, TreeNet 和 RandomForest	salford-systems. com
Insightful Miner	insightful. com
XLMiner	xlminer. net
KXEN Infinite Insight	kxen. com
GhostMiner	fqs. pl/ghostminer
Microsoft SQL Server Data Mining	microsoft. com/sqlserver/2012/data-mining. aspx
Knowledge Miner	knowledgeminer. net
Teradata Warehouse Miner	ncr. com/products/software/teradata_mining. htm
Oracle Data Mining（ODM）	otn. oracle. com/products/bi/9idmining. html

微软的SQL Server是一组数据挖掘研究中广受欢迎的商业信息处理工具。它可以在相同数据库环境中储存数据和模型，企业很容易就能够实施模型管理。微软企业联盟（The Microsoft Enterprise Consortium）作为服务供应商，为全球学术事业（包括教学与研究）提供SQL Server 2012软件组。该软件让全球高等院校无需在电脑上配备必需的软硬件就能够获得该公司的技术。该软件提供一系列商业信息发展工具，如数据挖掘、建立数据魔方、生成商业报告等，还提供来自Sam's Club、Dillard's以及Tyson Foods的大规模真实数据组。微软企业联盟不收取费用，只能用于学术目的，系统由阿肯色州立大学的萨姆·沃

尔顿商学院所有，允许用户和学生使用桌面快捷方式连接这些资源，更多关于用户加入以及简明实用指南可参见 http：//enterprise.waltoncollege.uark.edu/mec.asp。

2014年5月，美国一家著名的数据挖掘与分析网站 kdnuggets.com 进行了第十五次年度软件问卷调查，问卷的问题为"你在过去十二个月在实际项目中使用过哪些分析学、数据挖掘、数据科技软件或工具"。这一调查获得了分析学及数据挖掘领域和软件开发商的广泛关注，有 3 285 人参与了调查。调查既衡量了某软件使用的广泛程度，又能够从中看出开发商支持软件发展的程度。以下是调查中的一些发现。

- **许多人使用不止一种工具进行数据挖掘项目**。据调查，2014年，每人或每个开发商平均使用过 3.7 个工具（2013年该数据是 3.0）。
- **商业化工具与免费工具的差距进一步缩小**。2014年，71% 的受访者使用过商业化软件，78% 的受访者使用过免费软件。大约 22% 的受访者只使用过商业化软件（低于 2013年的 29%），28.5% 的受访者只使用过免费软件（低于 2013年的 30%）。49% 的受访者两种都使用过，高于 2013年的 41%。这些数字说明更多的使用者开始关注免费和开源工具。
- **大约 17.5% 受访者使用过 Hadoop 或其他大数据工具，高于 2013 年的 14%**。这显示了大数据工具和技术的蓬勃发展。

以下是经调查筛选出的十大受欢迎工具，并附以使用人数百分比：

1. RapidMiner，使用者 44.2%（2013 年为 39.2%）；
2. R，使用者 38.5%（2013 年为 37.4%）；
3. Excel，使用者 25.8%（2013 年为 28.0%）；

4. SQL，使用者 25.3%（2013 年未开始使用）；

5. Python，使用者 19.5%（2013 年为 13.3%）；

6. Weka，使用者 17.0%（2013 年为 14.3%）；

7. KNIME，使用者 15.0%（2013 年为 5.9%）；

8. Hadoop，使用者 12.7%（2013 年为 9.3%）；

9. SAS base，使用者 10.9%（2013 年为 10.7%）；

10. Microsoft SQL Server，使用者 10.5%（2013 年为 7.0%）。

在有 2% 以上使用者的工具中，2014 年使用增长最快的当属 Alteryx，由 13 年 0.3% 增长到 14 年的 3.1%，增幅达 1079%；SAP（包括 BusinessObjects、Sybase 和 Hana），由 1.4% 增到 6.8%，增幅 377%；BayesiaLab，由 1.0% 增到 4.1%，增幅 310%；KNIME，由 5.9% 增到 15.0%，增幅 156%。而在具有 2% 以上使用者的工具中，2014 年降幅最大的为目前已成为戴尔公司的子公司的 StatSoft Statistica，由 9.0% 降到 1.7%，降幅 81%，其部分原因是因为缺乏对 Statistica 软件的宣传；Stata，由 2.1% 降到 1.4%，降幅 32%；IBM Congos，由 2.4% 降到 1.8%，降幅 24%。

图 2—4 罗列出了获得 100 名以上受访者投票的工具。在图表中，工具名称后括号内显示的是投票人数以及"单独使用"比率，单独使用即指投票者只使用过该软件一个工具。例如，0.9% 投票者只使用过 Python，而有 35.1% 投票者只使用过 RapidMiner。

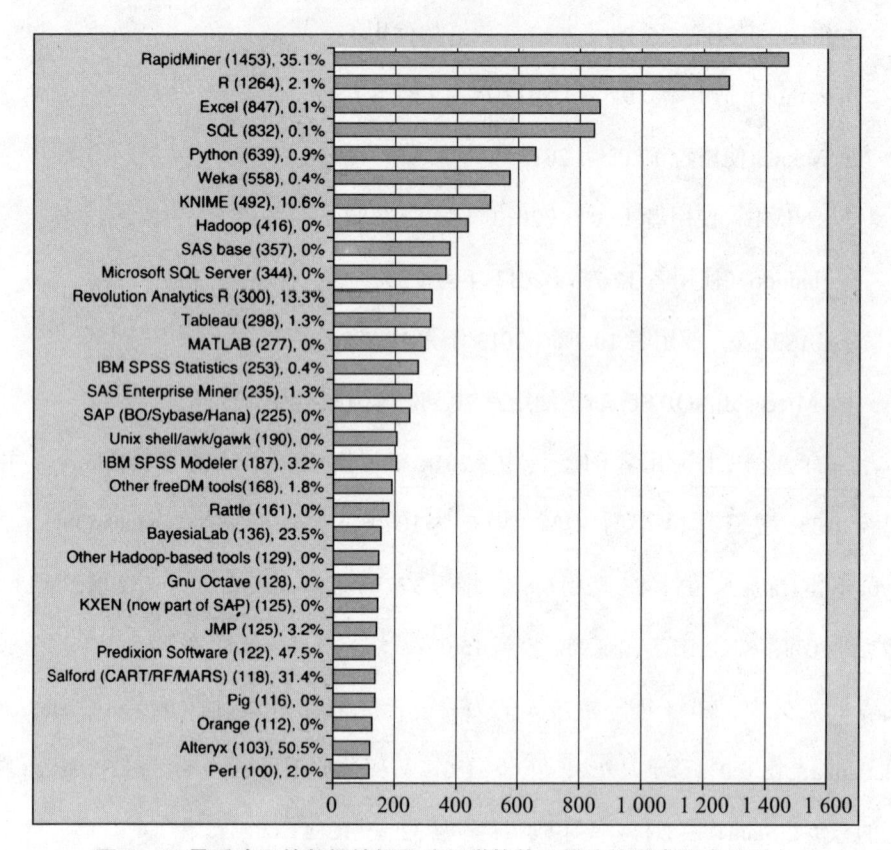

```
RapidMiner (1453), 35.1%
R (1264), 2.1%
Excel (847), 0.1%
SQL (832), 0.1%
Python (639), 0.9%
Weka (558), 0.4%
KNIME (492), 10.6%
Hadoop (416), 0%
SAS base (357), 0%
Microsoft SQL Server (344), 0%
Revolution Analytics R (300), 13.3%
Tableau (298), 1.3%
MATLAB (277), 0%
IBM SPSS Statistics (253), 0.4%
SAS Enterprise Miner (235), 1.3%
SAP (BO/Sybase/Hana) (225), 0%
Unix shell/awk/gawk (190), 0%
IBM SPSS Modeler (187), 3.2%
Other freeDM tools (168), 1.8%
Rattle (161), 0%
BayesiaLab (136), 23.5%
Other Hadoop-based tools (129), 0%
Gnu Octave (128), 0%
KXEN (now part of SAP) (125), 0%
JMP (125), 3.2%
Predixion Software (122), 47.5%
Salford (CART/RF/MARS) (118), 31.4%
Pig (116), 0%
Orange (112), 0%
Alteryx (103), 50.5%
Perl (100), 2.0%
```

图 2—4 最受欢迎的数据挖掘及分析学软件工具（使用者调查结果）

（数据来源：经过 kdnuggets.com 同意使用。）

为了减少多次投票的误差，在调查中，KDNuggets 启用了邮件认证，这种做法虽然可能潜在地减少了总投票数，但降低了结果误差，使其更有代表性。

数据挖掘的负面影响：隐私问题

在数据挖掘中收集、储存、分析的数据通常包含了用户的真实信息。这些信息可能包括个人信息（如姓名、住址、社会保险账号、驾驶执照号码、员工编号等）、人口数据（如年龄、性别、民族、婚姻状况、子女数量等）、财政状况（如工资、家庭总收入、活期或定期存款、家庭住宅、按揭贷款账户、信用卡限额、投资账户）、购买历史（包括何时何地购买了何种物品，既有直接交易记录也有信用卡交易记录）以及其他个人数据，例如，结婚纪念日、怀孕状况、疾病、家人去世、破产档案等。大多数数据来自于第三方数据提供者，其主要问题在于数据所有者的隐私保障。为了保护隐私和个人权益，数据挖掘专业人士必须遵守道德乃至法律约束。道德约束保护数据隐私的方法之一是申请数据挖掘使用，这样数据不会追溯到其个人。许多公开数据源（如 CDC 数据、SEER 数据、UNOS 数据）已经使用了这种非个人化的方式。在获取这些数据源之前，分析师必须承诺在任何情况下都不会追溯数据背后的个人信息。

最近一些案例中，企业会将顾客信息与其他公司共享，但事先并没有明确地征得客户的同意。例如，2003 年，捷蓝航空公司（JetBlue Ainway Corporation）向美国一家承包商 Torch Concepts 提供了超过 100 万乘客信息。Torch 公司随后在乘客信息中添加了额外信息，如家庭规模和社保账号——这是从数据代理人 Acxiom 公司获得的。整合后的数据用于数据挖掘项目，以建立潜在恐怖分子档案。这一切活动都没有让乘客知晓和获得许可。新闻公开了这一消息后，捷蓝、Torch 和 Acxiom 接到了大量的法律诉讼，一些美国议员甚至呼吁就这一事件进行调查。近年来常有类似但并不那么戏剧化的事件出现，例如，著名社交网络公司非法兜售用户数据给其他公司进行定向营销。

数据挖掘与个人隐私的另一个典型案例登上了 2012 年新闻头条。在此次事件中，公司甚至没有使用隐私或个人数据。从法律角度而言，这次事件并不触犯法律。塔吉特（Target）公司的故事是这样的：2012 年初，一则著名报道称塔吉特公司使用了预测性分析学。该报道称，塔吉特公司向一名少女散发其传单和优惠券，促销其商店内的准妈妈用品。于是该女孩愤怒的父亲走进塔吉特公司位于明尼阿波利斯的分店，向其经理质询："我女儿从你们商店获得了这样的宣传单，她还在上高中，你们就向她宣传婴儿衣服和婴儿床！你们是在诱导她怀孕吗？"经理没搞懂这位男子在说什么，他查阅了邮件，发现确实给该男子的女儿发送了包含孕妇服、婴儿家具和孩子的笑脸的广告。经理向该男子道歉，几天后再次在电话中致歉。然而在电话中，该男子却羞惭地说："我跟女儿谈过了，我们家发生了一些我不知道的事情，她预产期在8月，我该向您道歉。"

可见，塔吉特公司早在女孩父亲发现之前就发现了她怀孕的事实。下面我们讲讲他们是怎么做到的：塔吉特公司给每位客户分配了一个客户ID账号（与客户信用卡、姓名、邮箱相关），其中储存了客户所有的历史消费情况。塔吉特公司将这一信息与客户提供或别处购买的人口信息叠加，利用这一信息，并通过历史购买记录查找了所有过去在公司进行了婴儿注册的顾客，从各个角度对数据进行分析，得到了一些有用的信息。例如，婴儿洗液和特殊维生素可能出现在客户感兴趣的商品中。购买洗液的顾客很多，但塔吉特公司发现经过婴儿注册的女性在怀孕前六个月会大量购买无香洗液。另一个分析员指出怀孕前二十周，孕妇会大量补充钙、镁和锌。许多消费者购买肥皂和棉球，但如果某个消费者突然大量购买无香肥皂和超大棉球，还有消毒洗手液和毛巾，这就预示着她可能临近预产期了。塔吉特公司将其中二十五种商品联合分析，给每位消费者分配一个"怀孕"指数。更重要的是，公司还能预测产妇预产期，将误差降到最小，从而能够在孕期的不同阶段给相应顾客发送相关优惠券。

如果从法律角度来看这一问题，塔吉特公司并没有使用任何个人信息，侵犯消费者隐私，但是它使用了零售链条中收集、储存甚至分析的所有消费者数据。这一事件唯一让人觉得具有侵犯性的问题就是其涉及到怀孕这件事。人们认为诸如致命疾病、离婚或破产这样的事件应该十分谨慎地处理。

应用案例：为好莱坞经理准备的数据挖掘

为某一特定电影预测票房收入（即票房所得）是一件有趣而又具有挑战性的问题。据业内专家称，电影产业是"充满预感与猜测"的行业，预测产品需求十分困难，这一切使得好莱坞的电影行业成为了一项极具风险性的事件。为了支持这一看法，美国电影联合会常任总裁和CEO杰克·瓦伦蒂（Jack Valenti）曾说过："没有人能够提前预测电影的市场反响，直到电影在漆黑的电影院上映，光影在观众面前闪烁"。娱乐行业商业杂志和周刊都充斥着这样的案例、声明和事件。

与其他想要挑战这一实际问题的研究者一样，拉梅什·沙尔达（Ramesh Sharda）和杜尔森·德伦研究了数据挖掘在预测电影票房情况方面的应用（当电影还在概念阶段而并未上映时）。在其高度公开的预测模型中，他们将预测或回归问题转变为分类问题。也就是说，并非预测票房的点收入，而是根据电影的票房收入将其分为从"票房大跌"到"票房大卖"的九个类别，使其变为一个多角度分类问题。表2—2介绍了9个类别的定义。

数据

数据由一系列电影相关数据库（包括ShowBiz、IMDb、IMSDb、ALLMovie）收集而来，整合进一个统一的数据组。该数据组包含了1998年到2006年上映的全部2 632部电影，并根据其票房情况建立模型。表2—3总结了独立变量及其特定特点。对于独立变量的更多描述性细节详见沙尔达和德伦2006年的研究。

表2—2　根据票房的电影分类

分类号	1	2	3	4	5	6	7	8	9
范围（百万）	<1（票房大跌）	>1 <10	>10 <20	>20 <40	>40 <65	>65 <100	>100 <150	>150 <200	>200（票房大卖）

表2—3　预测变量的总结

独立变量名称	定义	可能取值范围
MPAA分级	这是由美国电影联合会（Motion Picture Association of America，MPAA）制定的电影分级	G，PG，PG-13，R，NR
竞争力	表明电影与同时上映的电影相比对同类观众的吸引力	高、中、低
星级	显示电影中最吸引票房的演员，超级巨星是在电影中贡献票房最多的男女演员	高、中、低
类型	根据内容划分电影。不同于其他分类变量，一部电影可同时划分为几种不同的类别，如既是动作片又是喜剧片。因此，每种内容类别包含了双重变量。	科幻、历史剧、现代剧、恐怖、惊悚、喜剧、卡通、动作、纪录片
特效	表示电影使用的技术含量及特效使用（动画、音效、视觉效果）	高、中、低
续作	表明电影是否是前作续作	是、否
屏幕数量	表明电影首映时使用多少屏幕	正整数

方法

利用一系列数据挖掘方法，包括神经网络、决策树、支持向量机以及三种工具的组合，沙尔达和德伦建立了预测模型。使用1998年—2005年的数据，建立预测，用2006年的数据作为测试，测试模型的准确性。图2—5表现了电影预测系统的概念框架，而图2—6则展示了模型的运作流程。

图 2—5 电影预测系统概念框架

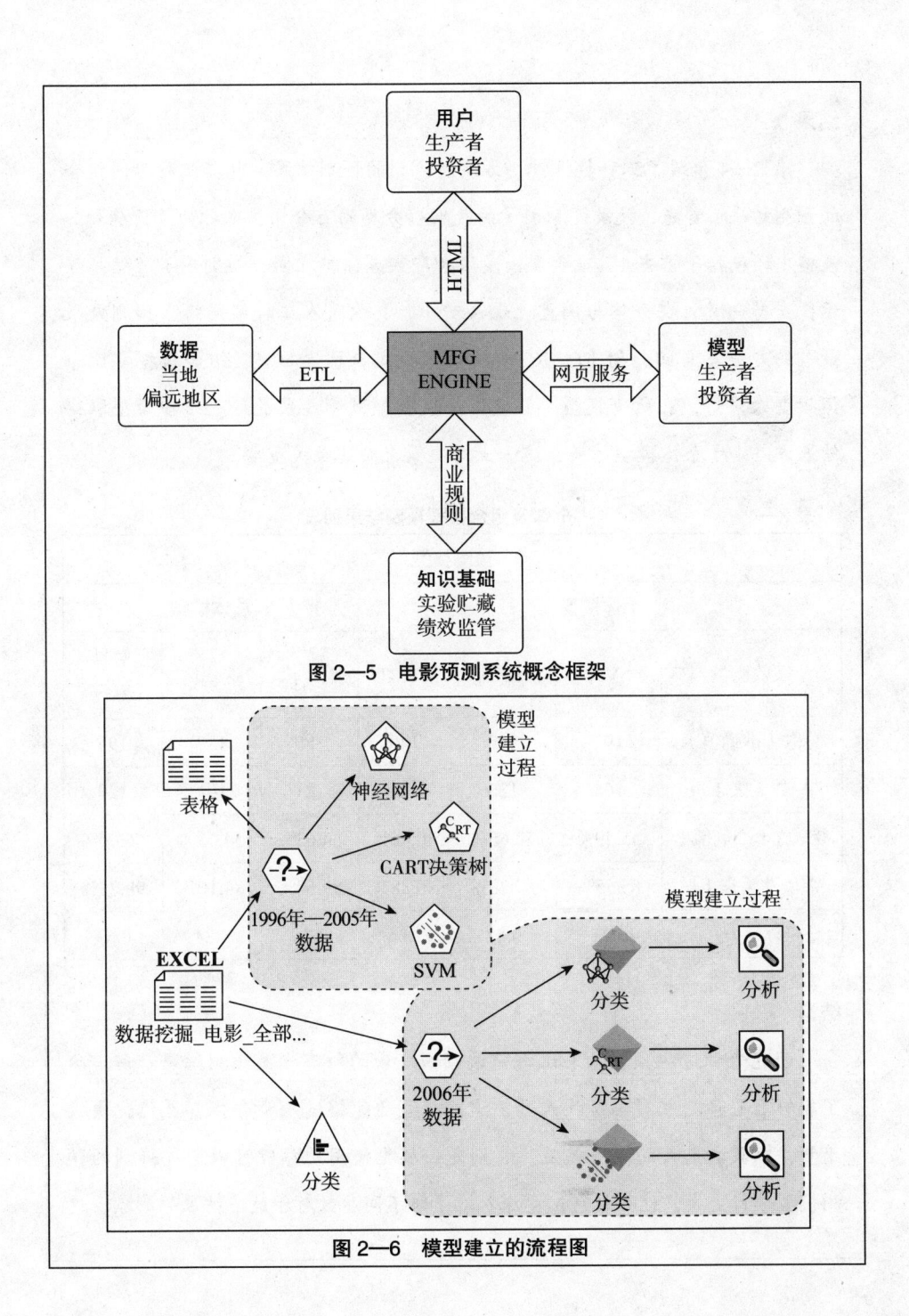

图 2—6 模型建立的流程图

结果

表2—4介绍了三种数据挖掘方法所得到的预测结果，包括三种不同组合的预测结果。首先，效果评测衡量的是准确分类的百分比，也称为"正确"。表格中还包括了"去1"准确率衡量法（即误差保持在同一组别内）。结果显示，支持向量机在个体与侧重表现最突出，其次是人工神经网络，预测效果最差的是分类与回归树（CART）决策树公式。总体而言，组合模型要比个体模型效果好，在所有模型中，整合公式模型预测效果最好。组合模型取得结果方差小于个体模型结果，这一点对决策者而言至关重要。

表2—4　　　　　　　　个体及组合模型预测结果列表

绩效衡量	预测模型					
	个体模型			总体模型		
	SVM	ANN	C&RT	随机森林	迭代树	信息融合
总数（准确值）	192	182	140	189	187	194
总数（去1）	104	120	126	121	104	120
准确性（准确值）	55.49%	52.60%	40.46%	54.62%	54.05%	56.07%
准确性（去1）	85.55%	87.28%	76.88%	89.60%	84.10%	90.75%
标准差	0.93	0.87	1.05	0.76	0.84	0.63

结论

研究者称这些预测结果比之前该领域发表的所有相关预测结果都好。除了能够准确预测电影票房收入外，这些模型还能够进一步分析甚至优化决策变量，以获取更大的经济效益。特别是，模型使用的参数可以通过得到的预测模型进行更换，这样就可以更深入地了解不同参数对于最终结果的影响。这一过程通常称为灵敏度分析。在该过程中，娱乐公司的决策者能更准确地判断某位特定演员（或特定上映日期、添加特技效果等因素）为影片带来的收益，为决策制定带来无穷的助力。图2—7展示了电影预测系统Movie Forecast Guru软件运行环境的界面。

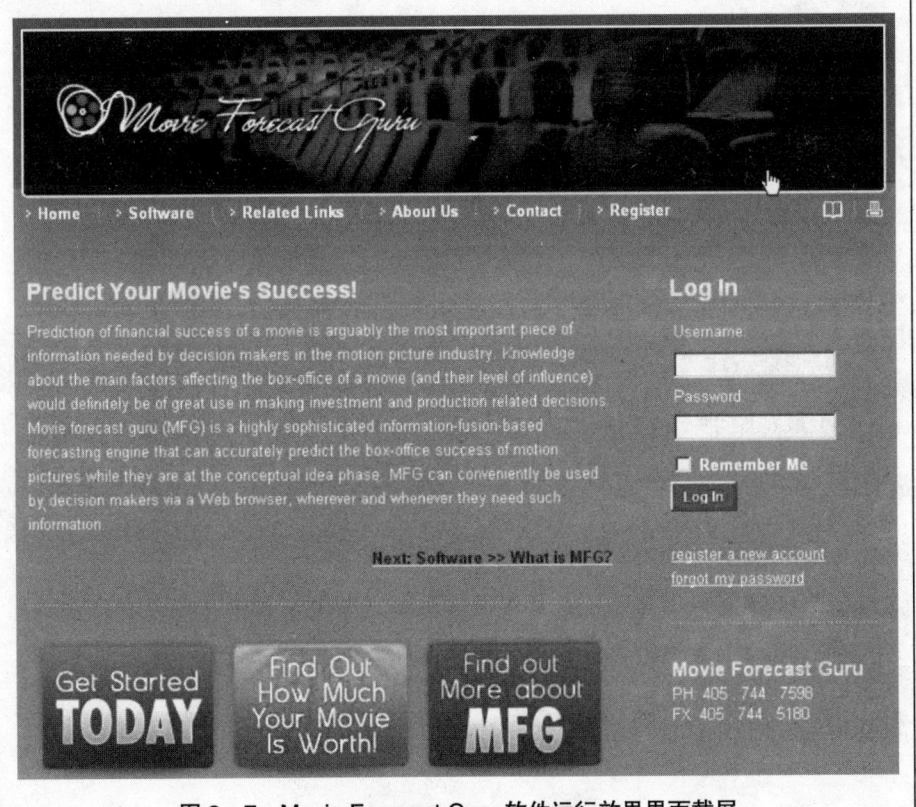

图2—7　Movie Forecast Guru软件运行效果界面截屏

第 3 章 数据挖掘过程

与其他许多计算机技术的发展过程一样,从大量数据存储中提取知识(即数据挖掘)最初始于"反复实验,反复尝试"的实验项目。许多研究者从"哪种方法有效、哪种无效"这一角度分析这一问题。很长一段时间内,数据挖掘项目是作为艺术性项目实施的。然而,为了更有效地进行数据挖掘分析,必须建立一个标准化步骤指导实施。基于试验中的最佳方法,研究者和实践家共同制定了几个步骤,即简化一步一步执行的工作流程,大大提高了数据挖掘项目实施的成功率。本章介绍其中几个标准化过程。

数据库知识获取过程

早期,甚至可以说是第一个数据挖掘流程被命名为数据库知识获取(KDD)方法,由法雅德等人于 1996 年提出。数据库知识获取方法中,数据挖掘是从数据中提取信息的一个简单步骤。这种方法是一个终端对终端、包含许多小步骤的工作流程，将数据转化为知识。图3—1展示了数据库知识获取方法的工作流程。图中，各个步骤用箭头显示，每一步的结果用图表形状表示。在图3—1中，数据库知识获取的投入过程是输入一系列来自企业或外部数据源的数据，这些数据通常与名为数据仓库的中央数据存储仓库相连。数据仓库整合了数据源并提高了数据库知识获取流程的效率，改善了效果。一旦数据被整合进入统一的数据仓库，适合于特定问题的数据就会被提取，为下一个步骤做好准备。由于数据常常处于未经处理、不完全的状态，因而需要在建立模型之前进行预处理工作。一旦数据经过了预处理，转变为适合建模的状态，系统就会使用一系列建模手段将数据转化为规律、联系和预测模型。分析得出的模型必须经过检验认证，然后进行诠释整合，形成可供实际操作信息（即知识）。该流程很重要的一部分就是循环反馈，使得工作流程能够在任何一步回溯前面进行过的步骤，以重新审视工作，进行调整。

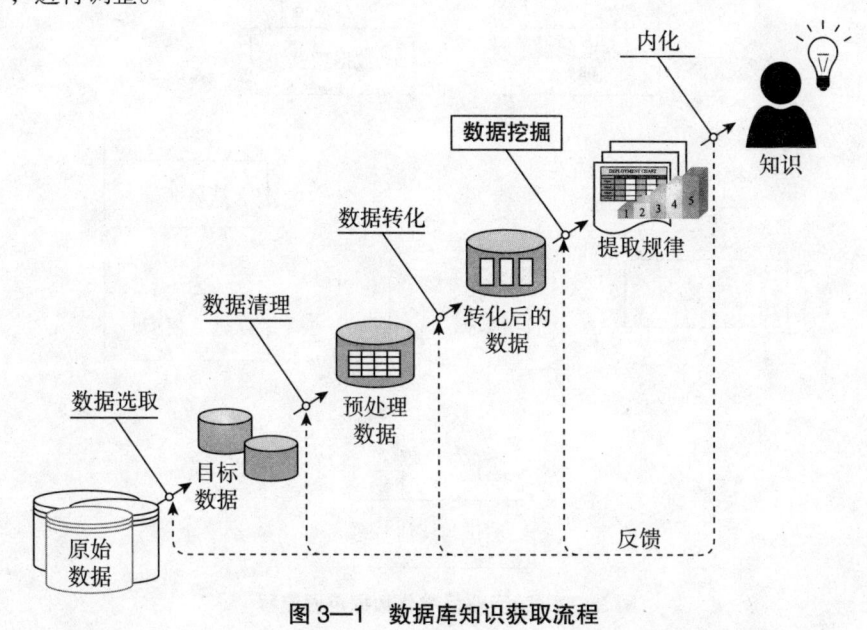

图3—1　数据库知识获取流程

跨行业标准化数据挖掘流程

另一项标准化数据挖掘流程是跨行业标准化数据挖掘流程（CRISP-DM），它常被认为是最常用的流程。它是由一家欧洲财团在20世纪90年代中后期提出来的，用于开放的数据挖掘项目的标准化方法。图3—2列举了这一流程的六个步骤，第一步是深入了解企业问题及其对于数据挖掘项目的需求（如应用领域），最后一步是如何制定解决方案，以解决需要进行数据挖掘的实际问题。尽管这些步骤在图中呈现顺序状态，但在实际操作中可能会出现回溯。这是由于数据挖掘受到经验、实验结果的影响，取决于实际情况和分析师能力、经验与知识，因此整个过程可能出现反复（比如可能需要将这几个步骤重复几遍）。介于每一步骤建立在前一步骤的结果基础上，必须要对前一步骤的结果格外小心，避免使整个研究走上错误的道路。

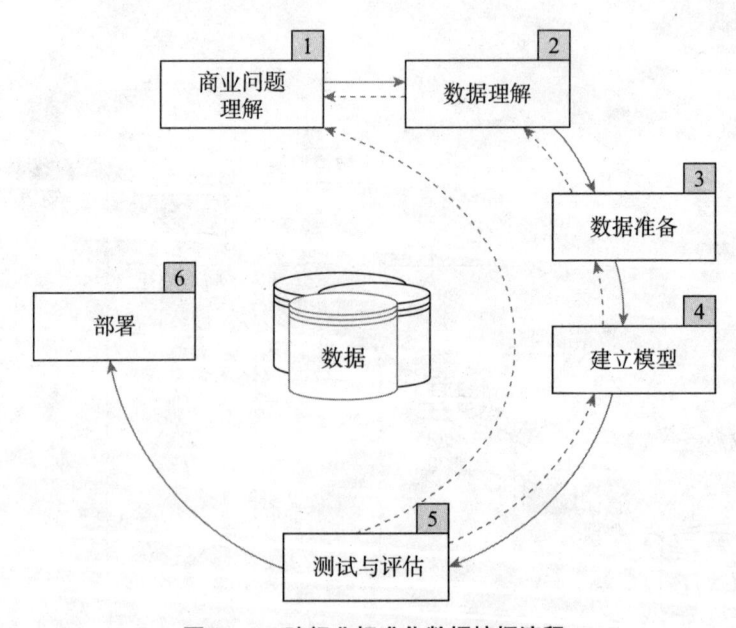

图3—2　跨行业标准化数据挖掘流程

下面我们将详细介绍跨行业标准化数据挖掘流程每个步骤的情况。

第1步：商业问题理解

数据挖掘项目的成功在于了解所研究的问题。要做到这一点，就必须全面了解管理对新知识的需求以及对企业目标的明确认识。确切的目标包括"公司最近因竞争对手影响而损失的客户有怎样的共同特点"或者"公司典型客户档案如何？每位客户能为公司带来多少价值"，然后要进行项目规划，明确负责收集数据、分析数据、汇报结果的人员。在这一早期阶段，还应当对进行研究的经费预算，至少要给出预算上限和大致数据。例如，一家零售企业进行消费者分区建模，判断商业目的指的就是确认哪些客户可能为企业带来利益。类似的分析同样适用于信用卡发放。就商业目的而言，零售店通常需要判断哪几种商品能够被消费者同时购买，以便更好地进行店内摆放和商品促销。数据挖掘在商业方面有很多应用，可以解决多种商业问题。深入了解要解决的问题是取得成功的关键。

第2步：数据理解

跨行业标准化数据挖掘流程的第2步是将商业问题与使用数据进行完美匹配。也就是说，一项数据挖掘项目专门针对一项特定的商业任务，不同的商业任务需要不同的数据组。因此，从多种数据组中选取适合的数据源是十分重要的。在数据的确认与选取中尤其需要注意以下几点：首先，分析师必须准确地描述数据挖掘任务以便确认所需的数据组。举例来说，一项零售数据挖掘项目要根据人口数据、信用卡交易和社会经济特点确认女性消费者的购物特点；其次，分析师需要深入了解数据源，比如目标数据存储在什么位置，以什么形式存储，数据收集是自动完成还是人工完成，谁负责收集数据，更新周期是多久；最后，分析师必须清楚地认识变量，能够回答诸如以下列举的问题"与问题最相关的变量是哪些"、"变量中有哪些是同义词或同音异义词"、"变量之间是独立的吗——它们之间构成完整的数据源还是存在交叉和冲突的地方"。

为了更好地认识数据，分析师通常会使用一系列统计和图表方法，例如，对每个变量进行简单描述和总结（例如，对于数字型变量，分析其平均值、最大值、最小值、中位数、标准差，对于分类型变量则计算其众数和频率）、相关分析、散点图、柱状图和箱线图。谨慎地判断和选取数据源以及最切合问题的变量能够帮助数据挖掘函数更快地发现有意义的知识规律。

数据通常从多种多样的数据源中选取。一般而言，企业使用的数据源包括人口数据（如收入、教育、家庭人口、年龄）、社会经济数据（如爱好、是否为俱乐部成员、娱乐）和交易数据（如销售记录、信用卡支出、支票开具）等。

数据可以分为定性和定量两种。定量数据用数值来衡量，可以是离散的（如整数）或连续的（如实数）。定量数据，也称分类数据，包括定序（ordinal）和定类（nominal）两种。定类数据具有有限、不可排序的取值，比如，性别数据只有两个值：男与女。定序数据则有有限多个可排序的取值，如顾客信用卡评级可以视为定序数据，因为其评级分别是极好、好和差。定量数据可以由几组概率分布来表示。概率分布显示了数据是如何分布的，例如，正态分布呈对称分布，通常称为钟形曲线。定性数据可以进行编码，通过频率分布表示。一旦根据商业目标选取了相关数据，就可以开始实施数据处理了（更多的数据挖掘细节，详见第4章）。

第3步：数据准备

　　数据准备（通常也称数据处理）的目的在于对前一步得到的数据运用数据挖掘方法进行分析。与跨行业标准化数据挖掘流程的其他步骤相比，数据处理所需的时间和精力最多，几乎占了整个数据挖掘项目80%的时间。这一步之所以需要投入如此多的时间，是因为真实世界的数据通常都是不完全的（缺乏属性值、特殊性或只有总数）、杂乱的（包含错误或异常值）、不连续的（编码或名字中存在矛盾）。

　　由于数据来自不同的数据源，它们之间具有不同的格式，如选取的数据可能来自平面文件、音频、图片或网页，必须转化为持续统一的格式。总而言之，数据清理就是进行过滤、总计、查漏补缺（也称归责）。通过过滤数据，分析师能够检测出变量中的极端值和冗余值。极端值指的是与总体数据相差甚远的数据，或是明显不属于所选组别的数据。例如，如果数据中一名顾客的年龄是190，就肯定是录入错误，应该辨识修改（也许这一数据挖掘项目检测了消费者多个方面的情况，因为年龄是消费者的一个核心特征）。极端值的出现可能有多种原因，可能是人工错误或技术错误，也有可能因为极端事件而本来就存在数据中。试想一下，如果一名信用卡使用者年龄为12，这可能是数据录入错误或者人工错误，但也有可能有一名资产独立的青少年富翁，同时还具有奢侈的消费习惯。将这样的极端值去除可能会遗漏重要信息。

　　数据也可能发生冗余，即相同的信息以不同方式重复记录。某种产品每天的销售量与该产品每季度的销售量是冗余的信息，因为对分析师而言，无论是每日销售量还是季度销售量都能够得到相同信息。数据合计减少了数据的角度区分，虽然合计数据数量小，但是所包含的信息并没有减少。如果预计在未来三四年内进行家具促销，每日的销售量可以合计为年销售量。销售量数据的规模会大大减少。经过整理，弥补了残缺的数据，也添加了新的更有意义的数据。这些新添数据可能是变量或模型的平均值。当数据挖掘公式应用于发现新知识，遗失数据往往会导致得不到问题的解决方案。

第4步：建立模型

在跨行业标准化数据挖掘流程的第4步中，需要选取多种建模技巧应用于选好的数据组，以满足特定的商业需求。建模还需要对能解决同种数据挖掘问题（如分组、分类）的多种模型进行统计和比较分析。由于不同的数据挖掘任务并没有普遍适用的最佳方案或解决公式，分析师需要利用多种模型，经过多次实验和测量，找出解决某个实际问题的最佳方案。甚至对于单个模型或公式而言，也是需要对参数进行标准化才能得到最优结果。某些方法对数据格式有特殊要求，因此还需要退回到数据准备阶段重新处理。

根据商业需要，数据挖掘工作可以是预测（可能是分类也可能是回归）、关联，也可能是分组、分区的问题。每种问题都对应这一系列数据挖掘方法和公式。例如，分类型数据挖掘可以通过建立神经网络或使用决策树、支持向量机或者逻辑回归方法。这些方法及其代表函数将在第4章、第5章中进行详细阐述。

数据挖掘建模的标准流程是将大规模未经处理数据分为小组，以进行测试或检验。然后分析师就可以根据一部分数据（实验组）建立模型（可以使用任何建模方法或公式），用另一部分数据（测试组）测试建立起来的模型。其原则就是如果我们用某一组数据建立了模型，那么该模型对于该组数据就会十分合适。将数据分组，进行建模和检验，分析师就能够保证模型的准确性和可靠性。数据分组的概念在更高一级的分析中也会用到，数据挖掘在实际问题中会使用多重分组。更多关于数据分组和其他检验方法，详见第4章。

第5步：检验与评估

在跨行业标准化数据挖掘流程的第5步，需要对建立起来的模型进行测量和评估，确定其准确性和一般性。这一步骤将会检验模型能够满足商业目标的程度，以及是否需要建立更多的模型。另一个任务就是在实际环境中测试模型是否符合时间和财务的要求。尽管模型建立的初衷是为了解决商业目标，但在此过程中也有可能发现新的信息，找出未来发展的方向。

检验与评估是十分重要而具有挑战性的一步。如果没有找到新知识所能带来的商业价值，数据挖掘项目就没有给企业增添任何新的利益。寻找新知识的价值就像玩拼图游戏，提取出的知识是拼图，需要拼在一起才能够展现完整的商业目标。这一发现过程的成功与否取决于数据分析师、商业分析师和决策者（如企业管理者）的互动。数据分析师也许能够全面了解数据挖掘的目标及其对企业的意义，商业分析师和决策者可能不具备解读复杂的数学结论的技术知识。因此，三者之间必须进行互动。为了更好地解读数据，我们通常使用表格或可视化技术（如数据透视表、交叉表分析、饼图、柱状图、箱线图和散点图等）。

第6步：部署

模型的研发与评估并非数据挖掘项目的结束。即使该模型的初衷只是要搜索数据，从搜索中发现的知识也需要进行整理，以终端使用者能够理解的形式呈现出来。根据要求的不同，数据部署这一步可能仅仅是给出一份报告，但也有可能要将整个数据挖掘过程在全公司重复一遍。很多情况下，是客户而非分析师承担了这一步的工作。但即使分析师不承担这一工作，也需要告知客户需要做什么才能够充分利用创建好的模型。

跨行业标准化数据挖掘流程中的调度步骤还包括对使用过的模型进行维护。商业活动是持续进行的，因此反映商业活动的数据也会不断变化。随着时间推移，根据旧数据建立的模型及其所反映的规律可能会过时、相关性下降甚至会带来误导。因此，数据挖掘的结果要想成为日常商业活动和商业环境的一部分，定期进行调整和维护是必不可少的。精心设计维护策略能够减少使用错误结果所浪费的时间。为了更好地使用数据挖掘结果，数据挖掘项目要制定详细的管理规划，不能用几个复杂的挖掘模型堆砌应付了事。

跨行业标准化数据挖掘流程是生产行业和学术界中最完整、最受欢迎的数据挖掘方法。分析者不仅仅是使用这一方法，还在实践中加入了自己的理解，使之形成了自己的风格。

SEMMA

为了使数据挖掘能够成功地得到应用，不能将其简单视为一组工具或技术，而应该视其为一整个工作流程。除了数据库知识获取和跨行业标准化数据挖掘流程，SAS 研究院还开发了一款十分著名的研究方法，称为 SEMMA。SEMMA 是抽样（Sample）、发现（Explore）、调整（Modify）、建模（Model）和评估（Assess）的英文缩写。SEMMA 从以统计形式存在的样本数据开始，利用统计方法与可视化技术，发现并转换最有价值的预测变量，根据变量进行建模，并检验模型的准确性。图 3—3 展现了 SEMMA 过程。

SEMMA

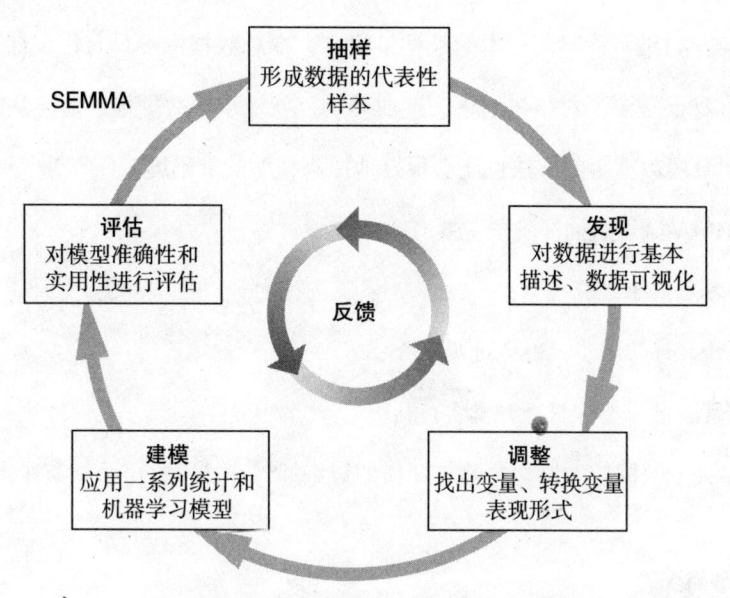

- **抽样** 形成数据的代表性样本
- **发现** 对数据进行基本描述、数据可视化
- **调整** 找出变量、转换变量表现形式
- **建模** 应用一系列统计和机器学习模型
- **评估** 对模型准确性和实用性进行评估
- **反馈**

图3—3 SAS 研究院 SEMMA 流程图表

通过评价 SEMMA 各步骤的结果，分析师就可以确定如何解决由以往结果引出的新问题，回溯到前几步对数据进行调整。与跨行业标准化数据挖掘流程一样，SEMMA 也要进行一个反复实验循环的过程。下面，我们就来介绍一下 SEMMA 所包含的 5 个步骤。

第1步：抽样

在抽样阶段，分析师从一组大型数据组中提取出一小部分，该数据组可能是包含众多信息的大数据库，也可能是能够高速处理的数据库。为了降低成本，使计算结果更加准确,很多机构(包括 SAS 研究院本身)建议在研究过程中使用抽样，从包含丰富信息的数据中提取具有统计代表性的样本。当研究数据量非常庞大时，在具有代表性的样本中进行挖掘能够大大缩短发现核心商业信息的时间。其原理是，如果大型数据中具有某种规律，那么在具有代表性的数据样本中也同样存在这种规律。如果一种罕见样本的数据量很少，在总数据中不具有代表性，但是这种样本本身很重要，对整体结果会造成影响，就应该用数据描述的方法把它标识出来。用分段数据组的方法也能够很好地提高模型的准确度。

SEMMA流程的抽样阶段主要有3个步骤：

- **培养**。用于适应模型；
- **检验**。评估模型，避免过度拟合；
- **测试**。对模型作用进行真实评估。

更多关于数据挖掘模型检验与评估的详细探讨和技术，可参见第4章。

第2步：发现

在SEMMA流程的第2步中，为了更好地了解数据组，分析师需要寻找难以预料的发展趋势与异常数据。分析师通过可视化或数字形式观测数据，发现其中的规律或分类。如果可视化方法不能清晰地呈现数据发展趋势，分析师就使用统计方法、因子分析、相关分析以及分组法。例如，在对直接邮件宣传进行的数据挖掘中，分组方法能够找出具有独特订货习惯的顾客群体。将搜索范围缩小到这些群体，比直接调查整个数据组更有可能发现丰富的数据信息。

第3步：调整

在SEMMA流程的第3步中，分析师需要创建、选取、转换相关变量，为接下来建立模型结构做准备。基于发现阶段得到的规律，分析师可能需要对数据进行操纵，添加客户分组以及具有较大影响力的副分组，或者引进新变量。也有可能需要剔除偏差值，减少变量数，以保证其影响力。经过挖掘的数据如果发生改变，分析师也要重新进行调整。数据挖掘是一个动态循环的过程，分析师必须根据新的信息实时更新挖掘方法或模型。

第4步：建模

在第4步，分析师通过建立变量组合对可能的结果进行可靠性预测，其目标是建立能够解释数据隐含规律的模型。数据挖掘中的建模技巧包括人工神经网络、决策树、粗糙集分析、支持向量机、逻辑模型及其他统计模型，如时间序列分析、记忆导向分析以及主成分分析。每种模型都有自己的优势，适合特定的数据挖掘案例和不同种类的数据。举例来说，人工神经网络适合处理高度复杂的非线性关系，而粗糙集分析则更加适合解决不确定、不精确的问题。

第5步：评估

到了最后一步，分析师要对数据挖掘所得结果的实用性和可靠性进行评估。简单来说就是估计模型的预测效果。常用的评估方式是将其应用于数据组中不作为样本也不适用于建模的部分数据。如果模型有效，那它对于这部分数据的效果应该与样本数据效果相同。类似地，也可以将模型应用于已知数据进行测试。举例来说，如果已知档案中的那些顾客有高忠诚度，又建立了忠诚度的预测模型，就可以监测模型能否准确预测出高忠诚度的顾客。与此同时，将模型付诸实际应用，例如在邮件宣传活动中使用偏好邮件，也能够检测出模型的效果。

SEMMA流程与跨行业标准化数据挖掘流程

SEMMA流程与跨行业标准化数据挖掘流程有很好的兼容性，两者都是将知识挖掘过程流程化，并创建了需要根据实际情况调节的宏观框架，而一旦创建的模型通过了检验，就可以应用于实践，为商业活动或学术研究作出贡献。尽管SEMMA流程与跨行业标准化数据挖掘流程有相同的目标，过程也很类似，然而，两者还是存在着区别。表3—1展示了两者的区别。

表3—1　　SEMMA流程与跨行业标准化数据挖掘流程两者的比较

任务	跨行业标准化数据挖掘流程	SEMMA流程	评价
项目初始	商业问题认识	——	在这一阶段，跨行业标准化数据挖掘流程有项目启动、问题定义、目标设置等活动，而SEMMA没有这一阶段
数据获取	数据认识	样本发现	在这一阶段，两种方法都有获取数据、建立样本、处理数据等步骤
数据转换	数据准备	调整	在这一阶段，两者都将数据转换为能经得起机器处理检验的数据
模型建立	建模	建模	这一阶段，两种方法都建立模型并对其进行测试
项目评估	测试与评估	评估	在这一阶段，两者都按照项目目标对研究成果进行检验
项目结束	调度	——	跨行业标准化数据挖掘流程规定了模型的应用调度，而SEMMA流程并没有明确规定这一步骤

数据挖掘六西格玛方法

六西格玛（Six Sigma）是商业管理中常见的理念，通过减少特殊值来降低数据的方差，系统地应用质量监控原则和技术。这一广受好评的管理理念最早是由摩托罗拉公司于20世纪80年代提出的，早期是在工业生产环境下使用的。随后，该理念为其他众多领域的企业机构所采纳，适用范围早已不仅仅局限于制造业。理想情况下，六西格玛法能够消除瑕疵，对错误零容忍，在商业环境中可以简单地称为零失误的完美企业执行。六西格玛法在商业中的应用是 DMAIC，包含五个步骤：定义（Define）、度量（Measure）、分析（Analyze）、改进（Improve）和控制（Control）。

鉴于在其他商业领域和环境中的成功应用，DMAIC 方法在数据挖掘项目中也寻得了一席之地。图 3—4 展示了 DMAIC 法的简单流程，下面我们就来分别介绍这些步骤。

```
第1步
定义
理解问题，定义
项目目标
   ↓
第2步
度量
度量数据的合适
程度与质量
   ↓
第3步
分析
实验多个模型以确定
最佳选择
   ↓
第4步
改进
根据项目目标对
所得信息进行评估
   ↓                    反馈
第5步
控制
应用模型，并对其
使用进行管控
```

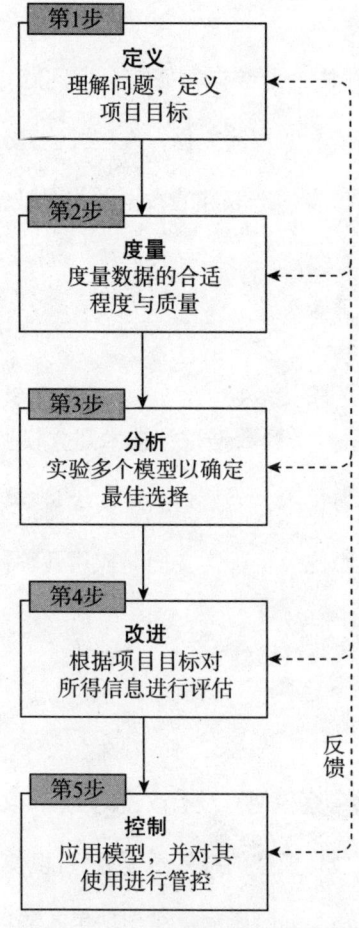

图 3—4　六西格玛 DMAIC 法

第1步：定义

DMAIC 的第 1 步是建立并启动项目，包括以下几步：（1）全面了解企业的需求；（2）找出最迫切的问题；（3）定义项目目标；（4）定义并找出解决问题所需的数据和其他资源；（5）制定详细的项目规划。你也许已经注意到了，这一步与跨行业标准化数据挖掘流程的第一步有很多重叠的地方。

第2步：测量

DMAIC 的第 2 步是评估企业数据存储与企业问题之间的连接路线。由于数据挖掘需要相关性高、整洁、实用的数据，发现并创建这类资源对于数据挖掘项目的成功必不可少。在这一步，选取好的数据源将会被整合转换成为适合机器处理的格式。

第3步：分析

DMAIC 第 3 步是利用一系列数据挖掘技术建立模型。可选择的建模技术有很多，大部分属于机器学习技术，需要对其中的大量参数进行优化。没有哪一种建模技术是完美无缺的，因此分析师需要同时应用几种技巧，进行实验以确定和建立最适合的模型。

第4步：改进

到了第 4 步，就要开始考察模型有没有改进的空间。改进既可以是技术层面的，也可以是商业问题层面。比如，模型的结果不理想，可以使用其他更精妙的技巧（如综合系统）对模型进行改善。同时，如果模型结果不能很好地解决问题，分析师还可以回溯到前几个步骤检查优化分析的结构，还可以进一步深入调查，对问题进行重新阐述。

第5步：控制

DMAIC 的最后一步是对项目成果进行评估，如果结果令人满意，所得模型及其成果就可以提供给决策者或整合进企业已有的企业信息系统中。

基于六西格玛法的 DMAIC 方法与跨行业标准化数据挖掘流程有着异曲同工之效。虽然没有证据证明二者之间是哪种促成了对方的产生，但是两种方法都在商业分析系统中加入了逻辑性强、更为直接的分析步骤，因而它们并不存在一方促成了另一方这样的关系，这种相似也许只是巧合。DMAIC 的用户很少将其与跨行业标准化数据挖掘流程相比较，这是由于两者分别适用于不同种类的问题，世界上有很多企业同时使用两种方法来优化企业管理，进行数据挖掘项目。

哪种方法最好

虽然某些数据挖掘方法比起其他方法要更加精巧，但是不同方法之间却无从比较，每种方法都有自己的优点和缺点。一些方法主要适用于解决问题，而另一些则更适用于进行分析。进行数据挖掘的企业通常选取某一种方法，然后进行微调使之适应企业实际或真实数据。KDNuggets 是一家久负盛名的数据挖掘网站，该网站曾进行过一次问卷调查，问题是："哪种数据挖掘方法是最好的？"图 3—5 展示了调查结果。

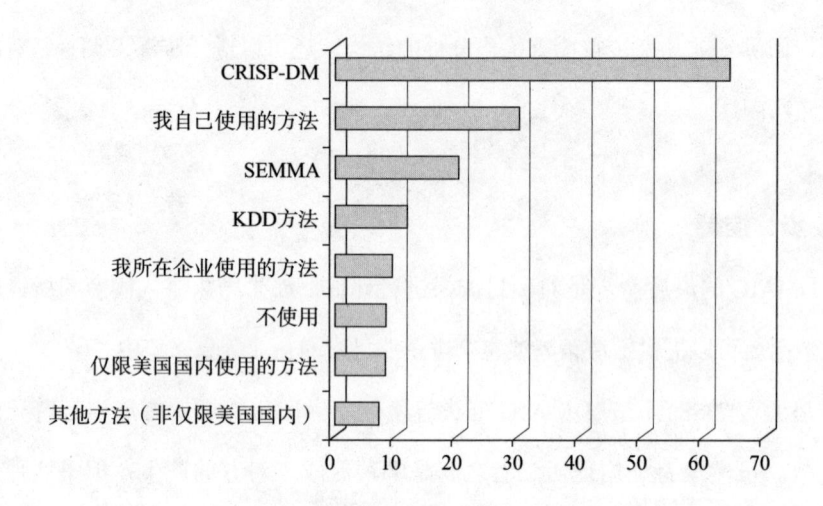

```
CRISP-DM       ████████████████████████████████████ 
我自己使用的方法 █████████████████
SEMMA          ███████████
KDD方法         ██████
我所在企业使用的方法 █████
不使用          ████
仅限美国国内使用的方法 ████
其他方法（非仅限美国国内）████
              0   10   20   30   40   50   60   70
```

图 3—5　常用数据挖掘方法调查

（来源：取得了 kdnuggets.com 的授权。）

正如调查结果所示，跨行业标准化数据挖掘流程占据了最受欢迎数据挖掘方法的地位，同时，属于"我自己使用的方法"分组的方法也多是跨行业标准化数据挖掘流程的变种。与其他方法相比，跨行业标准化数据挖掘流程是最完整、最成熟的数据挖掘方法。

数据挖掘案例：挖掘癌症数据，获取最新知识

癌症是最致命的疾病之一。据美国癌症协会称，美国二分之一的男性和三分之一的女性一生中有可能患上癌症。2014 年大约诊断出 150 万新增癌症病例。在美国乃至全世界，癌症是仅次于心血管疾病的第二大常见疾病。今年，大约 50 万美国人将死于癌症——每天有超过 1 300 人——每死亡 4 人，就有 1 人死于癌症。

癌症是一组疾病的统称，这种疾病会导致人体内产生无限增长的异常细胞，一旦增长失控，患者就会死亡。癌症的成因既有外因（比如，吸烟、器官移植、接受化学或射线辐射），也有内因（比如，遗传变异、激素、免疫状况、新陈代谢引起的变异）。这些成因可能共同作用，也可能依次发生引起癌变。癌症可以通过手术、放射性治疗、化学方法、激素疗法、生物疗法和专项疗法等方法治疗。根据癌症种类和诊断阶段不同，生还者的数据差异很大。

近五年癌症的治愈率有所提高。1991年—2013年之间，癌症死亡率降至20%，即有1 200万人免于死亡，也就是每天挽救了超过400个生命！治愈率的提高既反映出能够在更早阶段诊断出癌症，又反映出癌症治疗水平的提高。为防治癌症，该领域还需努力，以取得进一步进展。

尽管癌症研究传统上采取临床和自然生物方法，近几年，数据导向分析研究方法逐渐成为趋势。在数据和分析导向研究已经取得成功的医疗领域，出现了新的研究方向，进一步促进了临床医疗和生物研究的进步。利用不同种类的数据，包括分子学、临床学、文献研究、临床试验研究等方面，加上适合的数据挖掘工具和技术，研究者已经成功地发现了新规律，为未来消灭癌症打下了基础。

在2009年一次研究中，德伦将三种常用数据挖掘技术——决策树、人工神经网络和支持向量机与逻辑回归相结合，为预测癌症康复率建立了一个模型。数据组包含约12万个记录和77个变量，分别在建模、评估和比较时使用k2交叉检验方法。研究结果显示，支持向量机等最常用的几个预测函数在该领域有着最高的准确率（准确度高达92.85%），人工神经网络和决策树紧随其后。随后，利用基于灵敏度分析的评估方法，研究还发现了关于前列腺癌早期征兆的新信息。

在2005年的另一次相关研究中，德伦等人采用两种分析方法（人工神经网络和决策树）、统计分类方法以及逻辑回归法，为乳腺癌的治愈率建立了预测模型，其使用的数据组包含了20余万种病例。使用十倍交叉检验方法对预测模型进行无差别估计，比较不同模型的预测效果。结果显示，决策树（C5算法）是最佳方案，准确率高达91.2%，这同时也是文献中出现的最高准确率，紧随其后的是人工神经网络，准确率91.2%，逻辑回归法的准确率为89.2%。表3—2以表格形式展现了不同模型精确的比较。通过对模型的进一步研究，揭示了先兆因素的重要作用，这一点成为了临床和生物研究的基础。

这些案例（包括其他医学文献中提到的案例）都表明，先进数据挖掘技术能够建立具有高预测性和解释性的模型。虽然数据挖掘方法可以用于提取医疗数据库中的规律和联系，然而，没有医学专家的合作和反馈，数据挖掘也是不能发挥作用的。通过数据挖掘方法找到的规律，应该由业内拥有数年工作经验的医疗专家进行评估，判定其是否具备逻辑性、可行性和创新性，是否可以指导新的研究方向。简言之，数据挖掘并不意味着它能够代替医疗专家和研究者，而只能作为他们辛勤工作的补充，开创一条数据导向的新型研究道路，最终挽救人类的生命。

表 3-2　所有类别模型的十倍交叉检验结果列表

交叉数	神经网络（MLP） 混淆矩阵	精确度	敏感度	特异度	决策树归纳（C5） 混淆矩阵	精确度	敏感度	特异度	逻辑回归 混淆矩阵	精确度	敏感度	特异度
1	7571 844 / 369 5747	0.9165	0.9535	0.8719	7828 587 / 338 5778	0.9363	0.9586	0.9078	7672 743 / 838 5277	0.8912	0.9015	0.8766
2	7589 729 / 334 5926	0.9271	0.9578	0.8905	7737 581 / 290 5970	0.9403	0.9639	0.9113	7543 773 / 821 5439	0.8906	0.9018	0.8756
3	7567 768 / 367 5730	0.9214	0.9537	0.8818	7741 594 / 336 5761	0.9356	0.9584	0.9065	7602 732 / 834 5261	0.8915	0.9011	0.8779
4	7508 796 / 412 5824	0.9169	0.9480	0.8798	7703 601 / 336 5900	0.9356	0.9582	0.9076	7607 696 / 829 5407	0.8951	0.9017	0.8860
5	7609 809 / 359 6565	0.9239	0.9549	0.8903	7789 629 / 319 5796	0.9348	0.9607	0.9021	7659 757 / 830 5284	0.8908	0.9022	0.8747
6	7390 908 / 661 5491	0.8914	0.9179	0.8581	7694 604 / 317 5835	0.9363	0.9604	0.9062	7554 743 / 847 5305	0.8900	0.8992	0.8771
7	7298 751 / 558 5631	0.9081	0.9290	0.8823	7464 585 / 307 5882	0.9374	0.9605	0.9095	7333 716 / 781 5408	0.8949	0.9037	0.8831
8	7069 977 / 418 5832	0.9024	0.9442	0.8565	7436 610 / 315 5935	0.9353	0.9594	0.9068	7269 773 / 807 5443	0.8894	0.9001	0.8756
9	7290 958 / 421 5691	0.9040	0.9454	0.8559	7621 627 / 292 5820	0.9360	0.9631	0.9027	7501 747 / 800 5310	0.8923	0.9036	0.8767
10	7475 764 / 537 5651	0.9098	0.9330	0.8809	7625 614 / 325 5863	0.9349	0.9591	0.9052	7518 716 / 815 5372	0.8938	0.9022	0.8824
平均数		0.9121	0.9437	0.8748		0.9362	0.9602	0.9056		0.8920	0.9017	0.8786
标准差		0.0111	0.0131	0.0135		0.0016	0.0019	0.0028		0.0020	0.0014	0.0038

混淆矩阵显示了测试数据组的不同分类
在混淆矩阵中，每一列表示实际数据，每一行表示预测数据
准确度 =（TP+TN）/（TP+FP+TN+FN)；敏感度 =TP/(TP+FN)；特异度 =TN/(TN+FP)

REAL-WORLD DATA MINING
APPLIED BUSINESS ANALYTICS AND DECISION MAKING

第4章 数据与数据挖掘的方法

数据挖掘如今之所以备受关注，是因为其能发掘企业自动累积大数据库中的深层模式。对于想方设法、以事实为依据做出决策的企业来说，数据本身没有任何意义，只有将某些方法应用到数据分析中，企业才会挖掘出无价的信息。有许多方法与算法可以用来执行不同的数据挖掘任务。对于某一特定任务，这些方法各有利弊，取决于问题的特征与所应用的数据集。明确每一种任务的最佳方法需要一定的实验与全面的比较评估。

本章详细地从非技术角度解释了数据挖掘的方法与一些通用的评估技术。在进入这一主题之前，我们需要先了解一下数据与数据挖掘的关系。

数据挖掘中的数据属性

数据是指通过经验、观察与实验获取的一系列事实，由数字、字母、单词、图像、声音记录等变量组成，人们通常将数据作为收集信息与情报的最简单的抽象概念。

从抽象概念的最高层次来说,我们可以将数据分为结构化与非结构化(或半结构化)数据,非结构化或半结构化数据是由文本、图像、声音与网页内容组成的,这类数据会在第6章中详细描述。结构化数据是数据挖掘算法所需的数据,可以分为分类数据与数值数据。分类数据可分为名目数据与有序数据,数值数据可分为区间数据与比例数据。图4—1是数据挖掘中数据的简单分类。

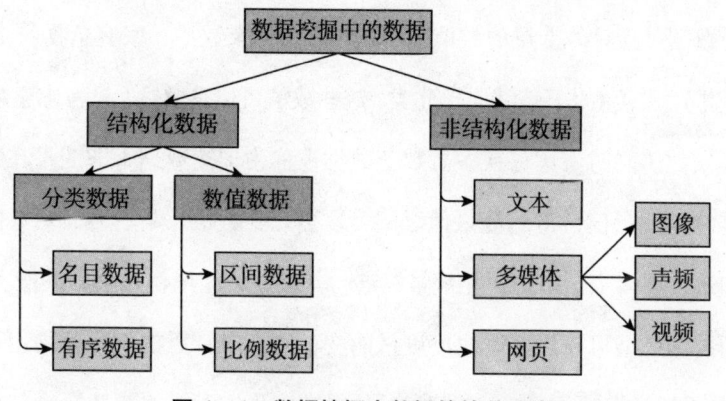

图4—1 数据挖掘中数据的简单分类

分类数据旨在通过不同分类依据将某一变量划分到特定小组中,这些分类的依据包括种族、性别、年龄组或者教育水平,等等。尽管应用具体的年龄数字与完成的最高年级可以将年龄组与教育水平归类到数值数据中,但是将这些变量划分为相对数量较少的有序分类往往会得到更多的信息。分类数据也称为离散数据,即这类数据是有限多个,相互之间没有连续性。即便应用到分类(或者是离散)变量中是数值化数字,这些数字也只不过是一些符号,不能计算分数值。

名目数据是指用于标记被测对象的简单编码,并非度量标准。例如,不同的婚姻状况通常分为单身、已婚以及离婚。名目数据可以是二项值,即只有两种值(例如,是/否、正/误、好/坏),也可以是多项值,即有三种或三种以上的值(例如,褐色/绿色/蓝色,白种人/黑种人/棕种人/黄种人/,单身/已婚/离婚)。

有序数据是指用于标记被测对象或事件的编码，这些编码也标记被测对象的次序。例如，不同的资信评分通常可以分为低、中、高三等。类似的次序也在诸如年龄组（例如，儿童/青年/中年/老年）与教育水平（例如，高中/大学/研究生）等的变量中体现。一些诸如有序逻辑回归的数据挖掘算法，将上述变量体现的次序信息列入分析，以此建立最佳分类模型。

数值数据是指具体变量的数值，例如年龄、儿童数量、家庭总收入（美元）、旅程（英里）、温度（华氏）都属于此类。这些数值可以是整数（只考虑整数部分），也可以是实数（同时考虑分数）。数值数据也称为连续数据，即变量在特定的规模包含连续的测量值，这些测量值之间可以插入整数值。与有限、可数的离散变量不同的是，连续变量指可扩充度量标准，其数据可能包含无限分数值。

区间数据是指可以用区间尺度度量的变量，一个常见的例子就是用摄氏度度量温度。在这一特定的标准下，度量单位是在大气压下，水沸腾温度与冰融化温度之差的百分之一，也就是说，没有绝对零值。

比例数据通常用于物理科学与工程中，例如质量、长度、时间、平面角、能量、电荷等物理单位都是比例数据。这一类型通常由连续量的大小与一个单位相同类型量的大小的比率决定，因此得名。需要知道的是，比例数据最显著的特征是用非任意零值。例如，绝对温度中有绝对零值这一非任意零值，其相当于零下273.15摄氏度，这一零点不是任意的，因为组成物质的粒子在这一温度下的动能为零。

诸如文本、多媒体（例如，图像、音频、视频）、XML/HTML等其他数据类型需要转化为分类或数值数据才能经由数据挖掘算法处理（关于如何从非结构化或半结构化数据中挖掘信息，详见第6章）。数据也可以进行地理定向，这样数值数据或名目数据就具备了地区/地理信息，这样的数据通常称为空间数据。

而且，不管数据是否结构化，都可以根据其与时间的关系分为静态或动态数据（例如暂时的或者时间序列）。

有些数据挖掘方法和算法对于其可以处理的数据非常挑剔。若应用这些方法处理与其不兼容的数据，可能会建立错误的模型，甚至阻碍模型优化进程。例如，一些数据挖掘方法（例如神经式网络、支持向量机、逻辑回归）要求所有变量（包括输入与输出）可以数值化。应用某些诸如 1-of-N 的虚拟变量可以将名目数据或有序数据转化为数值数据（例如，具有三个唯一值的分类变量可以转化为三个用二进制数值——1 与 0 表示的虚拟变量）。由于这一处理过程可能会增加变量的数量，我们需要注意这一转化的影响，特别是对于具有大量唯一值的分类变量。

同样地，一些诸如 ID3（传统的决策树算法）与粗糙集（相对新型规则归纳算法）的数据挖掘方法要求所有变量都是分类变量。使用者如果应用早期版本的数据挖掘方法，需要将数值变量离散化，转化为分类变量，才能应用算法处理这些数据。幸运的是，广泛应用于软件中的算法会同时接受数值变量与名目变量，在处理这些数据之前自行将其做必要的转化。

数据挖掘中的数据预处理

应用数据挖掘方法建立的模型，其质量与有效性在很大程度上取决于建立这些模型所用数据的质量。从这个意义上来说，无用输入/无用输出规则比任何其他应用程序都适用于数据挖掘。因此，数据准备（通常称为数据预处理）的目的就是消除无用输入无用输出规则可能出现的错误，这一过程可通过有序清理数据并将其转化为标准形式来完成，这样，这些数据就可以通过合适的数据挖掘方法进行分析。与数据挖掘的其他程序相比，数据预处理需要耗费最多的时间与精力，一般需要占据某一任务所用时间的 80%。数据预处理之所以需要耗费如此多的精力，是因为现实世界中的数据通常并不完整（缺少属性值、缺少关键属性或者只包含综合数据），或只是废弃数据/噪声数据（包含错误值或极端值），或数据不一致（编码或名称中前后矛盾）。因此，我们需要尽力将数据清理并转化成可处理的形式，同时，还要保证预处理不会形成有偏的数据，保留数据的内在模式与联系是非常重要的。图4—2展示了常用的四步系统程序，用来将现实世界中的原始数据转化为合适的可处理数据集。

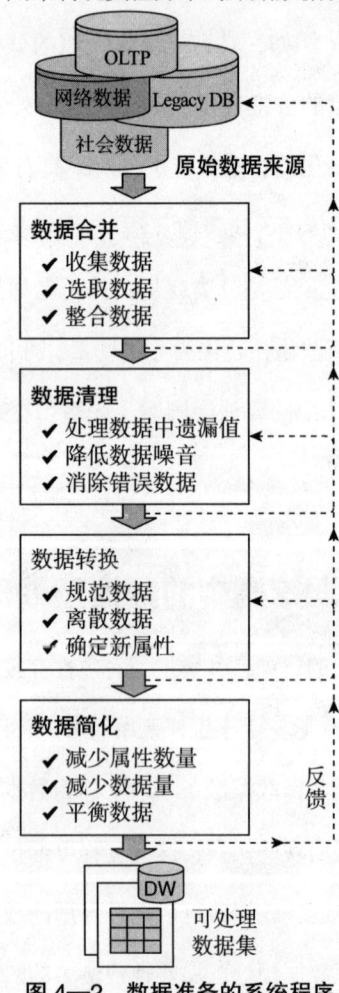

图4—2　数据准备的系统程序

在数据预处理的第一阶段，要从确定来源收集数据、选择必要的记录与变量（根据对数据的深度理解过滤掉不需要的数据）、整合不同数据源的记录。在这一阶段，会应用到对数据指定域的理解，以有效地处理同义数据与同音数据。

在数据预处理的第二阶段，也称为数据筛选，数据得以清理。这一步主要确定并处理数据集中的值。在某些情况下，遗漏值在数据集中属于异常现象，需要输入（使用合理值）或者忽略；在某些情况下，遗漏值在数据集中属于正常现象（例如，高收入人群通常不会回答家庭收入）。在这一步中，分析者还要确定数据中的噪声数据值（异常值）并将其清除。除此之外，数据不一致（变量中异常值）应该根据相关领域知识与/或专家建议予以处理。

数据预处理的第三阶段转化并进一步处理数据。在很多情况下，所有变量的数据在某一最小值与最大值之间标准化，以降低某一变量支配其他值比较小的变量的可能性。例如，分析者不会想要诸如家庭收入等数值大的数据支配家属数量或服役年数等数据，因为后者往往更有意义。此时的另一转化就是数据离散化与/或整合。在某些情况下，数值变量转化成分类值（例如低、中、高）；在某些情况下，使用概念层次将名目变量的取值范围转化为更小的集合（例如，不是用五十个不同的值代表各个州，而是用几个地区作为一个表示地理位置的变量），以建立更容易为计算机处理的数据集。而在其他情况下，还可能根据已有变量建立新的变量，以放大从数据集中变量集合收集的信息。举个例子，在器官移植数据集中，分析者可能使用一个变量，显示血型匹配（1：匹配，0：不匹配），而不是用多项值显示献血者与受血者的血型。这种简化不但增加了信息量，同时还降低了数据中的关联复杂性。

数据与处理的最后一个阶段是简化数据。数据挖掘者喜欢巨大的数据集，但是太多数据也是一个问题。简单地说，我们可以将数据挖掘中常用的数据可视化，将其转化为平面文件，由两个维度组成：变量（列数）与格/记录（行数）。在某些情况下（例如图像处理、具有微阵列数据的基因组计划），变量的数量会非常多，分析者需要将其减少到可控数量范围内。由于变量作为不同的维度从不同的角度描述某一现象，在数据挖掘中这一过程通常称为降维。虽然没有最佳方法完成这一程序，但是分析者可以利用从之前出版的参考文献、咨询领域专家的发现进行适当的数据测试（例如，主成分分析、独立成分分析）或者同时运用这些方法来减少数据中的维数，得到更易控制的相关子集。

现实中的数据除了多维度性，还具有大量的样本，也就是说，一些数据集可能包含数以百万甚至数十亿的记录（也称为样本或案例）。虽然计算能力的不断提高为数据分析提供了更高的马力，但是处理数量规模如此之大的样本依然是不切实际的，单个分析就可能会花费大量的时间。在这种情况下，分析者只能分析数据的子集。抽样的基本假设就是数据的子集要包含完整数据集的所有相关模式。在同类数据集中，这一假设可行，但是现实中的数据并不是同类的，因此，分析者要格外注意，选择数据子集时要使其反映出整个数据集的核心，而不是只局限于某一子群或子范畴。数据通常根据某些变量分类，从上或从下选择的一部分数据可能由于索引变量具体值的设定而出现有偏的情况，因此，我们要尽可能地随机抽样。对于有偏的数据，简单的随机抽样是不够的，而要用到分层抽样——抽样数据中按不同比例代表不同子群。除此之外，通过过多采样代表较少组或过少采样代表较多组来平衡偏斜数据也是不错的做法。研究表明，在建立预测模型方面，平衡数据集往往比非平衡数据集的效果更好。

图4—2展示的程序不仅仅是单向、自上而下完成的，而是一个重复的过程，需要不断回顾（根据反馈环）以作出修正或调整。结果的质量（例如数据的最终

形式）取决于这一高度重复程序前后阶段执行的谨慎性。表4—1总结了数据预处理中的核心程序，列举了每一程序的主要任务（以及问题描述）以及涉及到具有代表性的方法与算法。

表 4—1　　　　　　　　　数据预处理与方法总结

主要任务	子任务	普遍方法
数据合并	收集数据	SQL查询、软件代理、网络爬虫、数据处理API
	选取并过滤数据	领域专家、SQL查询、统计测试
	整合数据	SQL查询、领域专家、以本体论为基础的数据配置
数据清理	处理数据中遗漏值	用近似值（平均值、中值、最小值/最大值、调试值）补充遗漏值、用诸如ML等的常数对遗漏值重新编码、去掉遗漏值、不予理睬
	确定并降低数据噪音	用简单的统计方法或聚类分析（如平均值与标准差）确定数据异常值、用舍弃法、回归或简单的平均值法处理异常值
	找出并消除错误数据	确定数据中诸如不一致的分类标签、异常分布等的错误值（非异常值）；利用领域专家修正错误值或直接去掉错误值
数据转换	规范数据	用不同的规范法将数值化变量的数值范围缩小并标准化（例如，0到1、−1到+1）
	离散或整合数据	用以范围或频率为基础的筛选方法将数值型数据转换为离散数据；分类变量中，用恰当的概念等级减少数据量
	确定新属性	运用不同的数学函数（简单的有加法与乘法，复杂的有对数变换组合）根据已知变量确定新变量
数据简化	减少属性数量	主要成分分析、独立成分分析、卡方检验、相关性分析、决策树
	减少数据量	随机抽样、分层抽样、以专业知识为基础的抽样
	平衡偏斜数据	对代表较少的数据类别过度抽样或对代表多的数据类别减少抽样

数据挖掘方法

大量的数据挖掘方法与算法得以发展，并为许多商业与科学组织所应用，以解决复杂的问题。这些问题可以映射到一些高级的数据挖掘任务中去，根据问题的需要与属性，数据挖掘任务可以分为预测（分类或者回归）、关联或聚类。每一项数据挖掘任务都可以运用多种数据挖掘方法与算法。图4—3为这些数据挖掘任务、方法与算法的图示。下一节将描述这些数据挖掘任务的分类（例如预测、

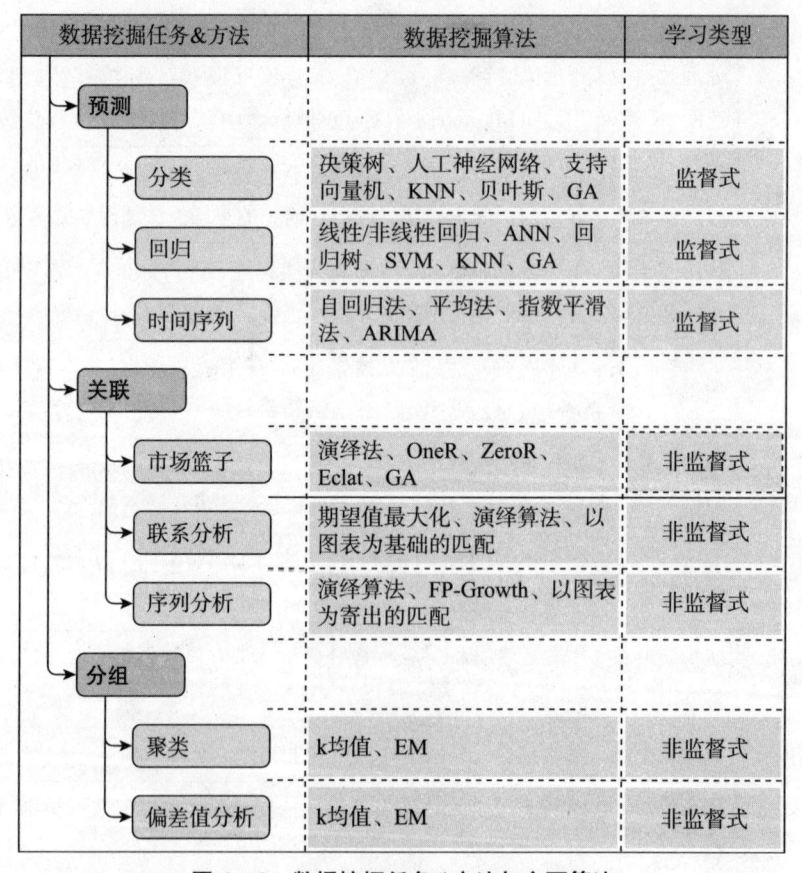

数据挖掘任务&方法		数据挖掘算法	学习类型
预测			
	分类	决策树、人工神经网络、支持向量机、KNN、贝叶斯、GA	监督式
	回归	线性/非线性回归、ANN、回归树、SVM、KNN、GA	监督式
	时间序列	自回归法、平均法、指数平滑法、ARIMA	监督式
关联			
	市场篮子	演绎法、OneR、ZeroR、Eclat、GA	非监督式
	联系分析	期望值最大化、演绎算法、以图表为基础的匹配	非监督式
	序列分析	演绎算法、FP-Growth、以图表为寄出的匹配	非监督式
分组			
	聚类	k均值、EM	非监督式
	偏差值分析	k均值、EM	非监督式

图4—3　数据挖掘任务/方法与主要算法

关联与聚类）、通用的算法（例如用于预测的决策树、用于关联的 Apriori 算法、用于聚类的 K 均值聚类算法）。第 5 章将解释几个其他的算法，包括 K 近邻算法、人工神经网络、支持向量机、线性回归、逻辑回归、时间序列预测，等等。大多数数据挖掘软件都会使用多种方法（或算法）来执行数据挖掘任务。

预测法

如第 1 章所述，预测（或预测性分析法）用于预见未来，回答"将要发生什么"这一问题。商业计划与问题的解决在很大程度上取决于对未来事件的预测，预测性分析法（以及基本预测模型技术）使预测得以实现。尽管我们用模型来进行预测，其基本假设仍然是根据以往经验（例如以历史数据记录的交易与事件）预测未来。我们假设过去所发生的事件会在未来重复出现，如果不会，那就无法预测未来了。

根据我们所预测的，预测的方法可以分为分类（如果我们是预测离散结果）、回归（如果我们是预测数值）、时间序列预测（如果我们是预测由时间决定的数值系列）。举个例子，预测某只股票在当天结束时是否要收盘或下跌属于分类；预测股票在当天结束时的价值差异属于回归；而基于最近股票的收盘价预测其明天的收盘价属于时间序列预测。虽然这些方法都用来预测变量的未来价值，但是预测值的类型与变量的属性决定了预测分类。

分类法

分类法应该是利用数据挖掘方法解决现实问题应用最普遍的一种，分类法作为科技中机器学习家族的一员，主要从历史数据中学习数据模式（之前标记的物件或事件的一系列信息——特点、变量与特征），以给不同的分组增添新的实例

（冠以未知的标签）。例如，我们可以利用分类法预测某日的天气是"晴"、"雨"或"阴"。分类法普遍用于信贷审批（好的或坏的信贷风险）、存储位置（好/中/坏）、目标市场营销（潜在消费者/无消费者）、欺诈检测（有/无）、电信（可能/不可能转到另一个电话公司）。若所预测的事件可以做分类标签（例如晴、雨或阴），这一预测问题就称为分类；若所预测事件是数值（例如华氏68度），这一预测问题就称为回归。

虽然聚类法（另一种广为应用的数据挖掘方法）也可以用来决定分组（或分类成员），其与分类法有显著的不同。分类法通过有监督的学习程序探究被测对象（独立变量）与其成员（输出变量）之间的函数，在这一学习程序中，所有的变量（输入变量与输出变量）都交由算法处理；而聚类法通过无监督的学习程序探究被测对象的成员，在这一学习程序中，只有输入变量交由算法处理。与分类法不同的是，聚类法并没有监督（控制）机制来促进学习过程，其算法运用一个或多个启发式算法（如多维距离度量）来发掘被测对象的自然分组。

用分类法预测的两个常见步骤是模型建立/训练与模型实验/应用。模型建立阶段需要用到包括实际分类标签在内的一系列输入数据；模型经过训练后，需要用保留样本来测验，以得到对其精确的评估，最终才能够投入应用，来预测新数据（分类标签未知）的分类。在评估模型时，需要考虑以下几个因素。

- **分类精确性**。这一因素是指模型正确预测新型或之前未知数据分类标签的能力。预测精确性是分类模型中经常考虑的评估因素。要评估这一模型，我们要用测试数据集的实际分类标签与该模型预测的分类标签匹配，其精确性就会以精确率来呈现，精确率是指模型正确分类的测试数据集的百分比（第5章会详细讲到这一点）。

- **速度**。指建立并应用模型的计算成本,计算速度越快越好。
- **稳健性**。指模型在有噪声数据与遗漏或错误数据情况下,作出合理、精确预测的能力。
- **可扩展性**。可扩展性是指在具有大量数据情况下有效建立模型的能力。
- **解释性**。解释性是指模型对数据的理解与洞察能力(例如,模型对于某一具体预测怎样得到结论或得出什么结论)。

如何评估分类模型的精确性

在分类问题中,精确性评估的主要来源是混淆矩阵,也称为分类矩阵或列联表。图4—4是具有两种分类的分类问题的混淆矩阵。如图4—4所示,从左上角到右下角沿对角线记录的实例表示正确的预测决策,而对角线之外记录的实例表示错误(即错误的预测决策)。

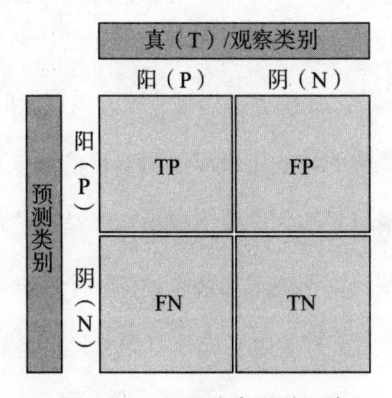

	真(T)/观察类别	
	阳(P)	阴(N)
预测类别 阳(P)	TP	FP
预测类别 阴(N)	FN	TN

图4—4 二项分类混淆矩阵

若分类问题为非二进制,混淆矩阵会更大(变为 n-by-n 矩阵,以容纳具有 n 个不同分类值的输出变量),而且精确度指标只限于每个分类的精确率与总体分类精确度。表4—2列举了分类模型中经常会用到的精确度指标。

表 4—2　　　　　　　　　分类模型中通用的正确率度量公式

度量	描述
真正率 $= \dfrac{TP}{TP+FN}$	正确分类正值除以总正值数
真负率 $= \dfrac{TN}{TN+FP}$	正确分类负值除以总负值数
正确率 $= \dfrac{TP+TN}{TP+TN+FP+FN}$	正确分类样本（正值与负值）除以样本总数
查准率 $= \dfrac{TP}{TP+FP}$	正确分类正值除以正确分类正值与错误分类正值的和
查全率 $= \dfrac{TP}{TP+FN}$	正确分类正值除以正确分类正值与错误发类负值总和
真分类率$_i$ $= \dfrac{正确分类_i}{\sum 错误分类_i}$	多类别问题中对类别 i 的分类正确率
总体正确率 $= \dfrac{\sum 正确分类_i}{样本数量}$	多类别问题中总体分类正确类

评估由监督式学习算法产生的分类模型（或分类器）的精确性是非常重要的，原因有两个：第一，对模型的评估结果可以用来评估对未来预测的精确性，这能够让我们了解，在实际预测系统中，分类模型输出结果的可信度；第二，对模型的评估结果可以用来从多个模型中选择最合适的一个（从众多经过训练的模型中确定最好的分类模型）。接下来要讲用于分类类型数据挖掘模型常用的评估方法。

简单拆分

简单拆分（也称为保留方法或测试样本估计）这一方法将数据分为两个互相独立的子集，分别称为训练集与测试集（或保留集），通常将三分之二的数据作为训练集，三分之一的数据作为测试集。建立模型者要用到训练集，而测试集要被用来测试建立的分类模型。然而，人工神经网络却不遵循这一规则。在这种情况下，数据被划分为三个互相独立的子集：训练集、验证集与测试集。验证集通常用于模型建立期间，防止过度拟合（要了解更多关于人工神经网络的知识，详见第5章）。图4—5展示了简单的拆分这一方法。

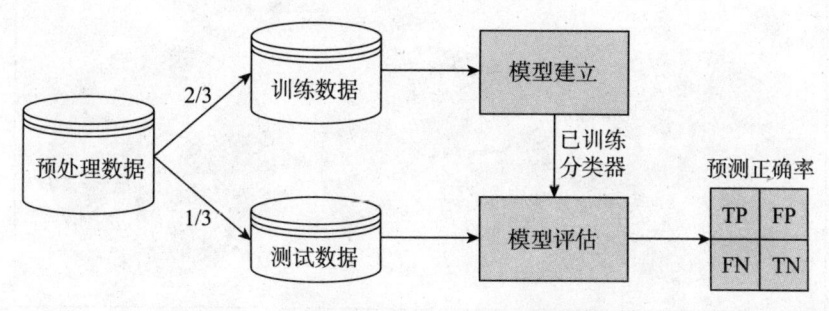

图4—5 训练与测试数据中的简单随机数据拆分

对这一方法的主要异议在于它假定两个子集中的数据属于同一种类（具有相同的特征）。由于这种方法只是简单的随机分配，对于向分类变量偏斜的现实数据集，这种假设并不正确。分层抽样可以解决这一问题，因为分层抽样中，层级变为输出变量。虽然随机拆分是对简单拆分这一方法的改善，但其仍然有简单随机分配的缺陷。

K重交叉验证

在比较两种或两种以上预测方法精确性时，为了克服对训练数据与保留数据的随机抽样带来的缺陷，分析者可以运用称为K重交叉验证（K-Fold Cross-Validation）的方法，也称为旋转估计。这一方法将整个数据集随机分成K个相互独立、大小相同的子集，分类模型要训练并测试K次，每次用K-1个训练集进行验证，用剩下 1 个测试集测试。然后交叉验证所得到的模型整体精确度用 k 次精确度量的平均值来表示，以下即公式：

$$交叉验证精度 = \frac{1}{k}\sum_{i=1}^{k}精度_i \ (k：重数)$$

图 4—6 是 k 重交叉验证的示例，这里 K=10（即十重交叉验证）。

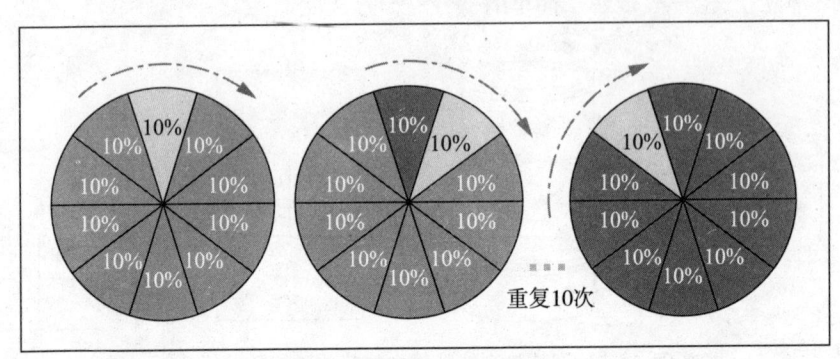

图 4—6 10 重交叉验证法图示

其他分类法评估方法

其他分类评估方法没有上述几种普遍，以下是常见的几种。

- **留一法（Leave-one-out）**。该方法与 K 重交叉验证法类似，这里 K=1，也就是说，每个数据都用来测试一次建立的模型。这种方法非常费时间，但是对于小数据集来说是种很好的选择。

- **引导法（Bootstrapping）**。该方法从原始数据抽取固定数目的实例作为样本（可以更换）对模型进行训练，剩下的数据集用来测验模型。这一过程可以重复多次。

- **刀切法（Jackknifing）**。该方法与留一法类似，其在每次评估过程完成后剔除一个样本来计算精确度。

- **ROC 曲线下面积（Area under the ROC curve）**。该方法是图形评估法，真阳性率位于 y 轴，假阳性率位于 x 轴。ROC 曲线下面积决定分类模型的测量精度：1 表示完全精确分类模型；0.5 表示不比随机的好。现实情况是其值多介于两种极端情况之间。例如，图 4—7 中 A 比 B 的分类效果好，而 C 并不比投掷硬币这一随机做法好。

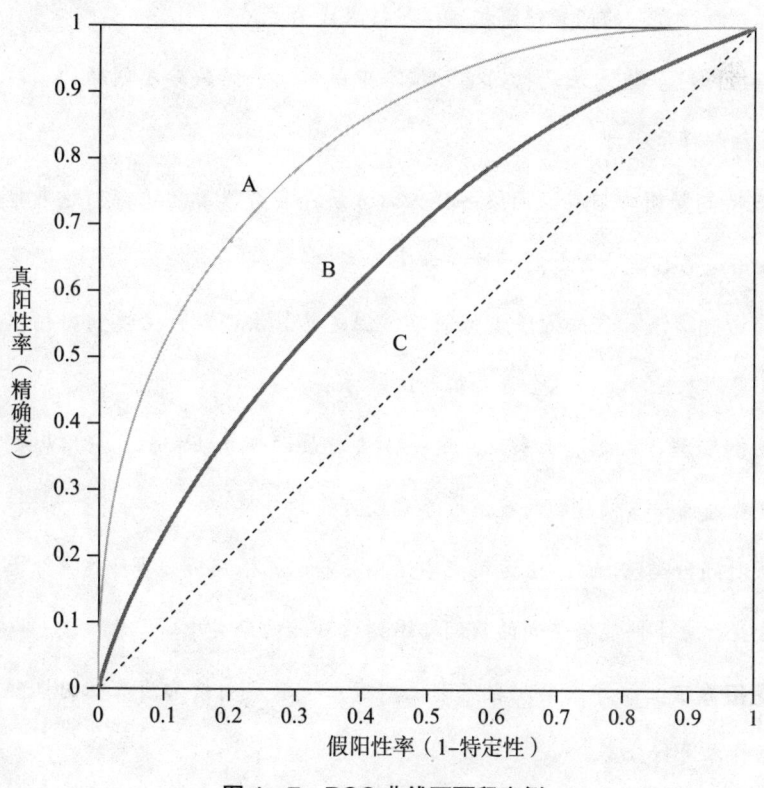

图 4—7　ROC 曲线下面积实例

分类方法

有许多方法与算法都用于建立分类模型，具体包括以下几种。

- **决策树分析**。该方法（机器学习技术）在数据挖掘领域中是最为广泛应用的。下一节是对这一方法的详细描述。
- **统计分析**。在机器学习技术诞生之前，该方法一直是分类算法的主要方法。统计分析包括逻辑回归与判别分析，这两种分析法都假设输入变量与输出变量之间是线性关系，数据成正态分布，变量之间互不相关、互相独立。这些假设存在的问题使得机器学习技术成为主流。
- **神经网络**。该方法是机器学习技术中最常用来解决分类问题的。第5章将详细解释这一方法。
- **支持向量机**。与神经网络一样，该方法也在分类算法中得到越来越广泛的应用。第5章会详细解释这一方法。
- **最近邻算法**。这一方法看似简单，但是其算法高效，主要利用相似性作为分类的基础。第5章会详细解释这一方法。
- **案例推理**。从概念上来说，这一方法与最近邻算法相似，应用历史案例确定普遍性，以便将新的案例增添到最可能的分类中。
- **贝叶斯分类法**。该方法运用概率论相关知识并根据历史事件建立分类模型，这些历史事件能够将新的实例增添到最可能的分类中。
- **遗传算法**。该方法类比自然进化，建立了以定向搜索为基础的机制来对数据样本进行分类。
- **粗糙集**。该方法考虑分类标签的一部分，以预定义分类来建立模型（规则的集合）。

本书无法将上述分类方法一一叙述，所以在这里，我们只选取最为广泛应用的决策树加以解释，第5章会介绍其他几种方法。

决策树

在详细介绍决策树之前，我们需要说明几个简单的术语：首先，决策树涉及许多输入变量，而这些输入变量可能影响不同模式的分类，这些输入变量通常称为属性。例如，若要建立模型来对贷款风险进行分类，分类的依据有两个——收入与信贷等级——这两个特征就是属性，最后的输出就是分类标签（例如，低等风险、中等风险、高等风险）；其次，决策树由分支和节点组成，分支表示运用某一属性对模式分类（根据某一测试）的测试结果，树叶节点表示某一模式的最终类别（从根节点到树叶节点的支链，可以表示复杂的 if-then 语句）。

决策树的原理就是运用递归法，将某一训练集划分，使得每一分区全部或主要由某一类别中的实例组成。决策树的每一个非叶节点都包含一个分割点，这个分割点是对一个或多个属性的测试，并决定数据如何进一步划分。通常来说，决策树算法通过训练集数据建立一棵树，每个树叶节点都是纯数据，并且将整棵树不断修剪，以增加其普遍性与测试数据的预测精确性。

在增长阶段，决策树通过递归法将数据划分，使得每个分区要么是纯数据（只包含同一类别下的数据），要么数量较小。最基本的就是通过提问题找到提供信息最多的答案，正如在"二十个问题"所示的那样。

拆分数据取决于用于拆分的属性。对于连续属性 A，拆分的形式是值（A）x，这里 x 是 A 的"最佳"拆分值。例如，基于收入的拆分为"收入大于 5 000"；对于分类属性 A，拆分的形式是值 A 属于 x，这里 x 是 A 的子集。例如，基于性别的拆分为：男或女。

建立决策树的通用算法如下：

1. 建立根节点并分配所有的训练集数据；

2. 选择最佳拆分属性；

3. 为每个拆分值在根节点上增加一个树枝，将数据沿特定的树枝拆分为互相独立（互不重叠）的子集；

4. 每个叶节点上重复步骤2与步骤3，直到找到最后的标准（节点由一个分类标签支配）。

有许多不同的算法都可以用来建立决策树，这些算法最显著的不同在于它们确定拆分属性（与拆分值）的方式、拆分属性的顺序（将同一属性拆分一次或多次）、每个节点的拆分数（二元或三元）、停止准则与决策树修剪（预修剪与后修剪）。一些广为人知的算法有源于机器学习的 ID3（之后是其升级版本 C4.5 与 C5）、源于统计学的分类与回归树、源于模式识别的卡方自动交互检测仪（CHAID）。

在建立决策树时，每个节点的目标是确定属性与该属性的拆分点，以能够更好地划分训练集，在该节点上净化分类表示。一些拆分指数用来评估拆分的优劣，其中基尼系数与信息增益是常见的两种。基尼系数用于分类与回归树和可扩展的并行归纳决策树算法，信息增益用于 ID3（与其新版本 C4.5 与 C5）。

基尼系数在经济学中用于衡量某人口的多样性，这一概念同样可以用于确定根据某种属性或变量分支得到的类别纯度。最佳拆分就是根据某一拆分方式增加了分类的纯度。

信息增益是用于 ID3 的拆分机制，这种算法是最广为人知的。该算法由罗斯·昆兰德（Ross Quinland）于1986年开创。此后，昆兰德又将此算法升级为 C4.5 与 C5 算法。ID3 及其变体背后的基本理念是利用"熵"这一概念来代替基尼系数。"熵"用来衡量某一数据集的不确定性与随机性。若子集中所有的数据属于同一类别，则该数据子集不存在不确定性或随机性，其熵为零。这种算法的目的是建立子树，使得每一个最终子集的熵为零或接近零。

数据挖掘中的聚类分析

聚类分析是非常重要的数据挖掘方法，用来将物体、事件或概念分类到常见的类别即集群中去。这一方法广泛用于生物学、医学、遗传学、社交网络分析、人类学、考古学、天文学、特征识别与管理信息系统开发等领域。随着数据挖掘越来越受到重视，相关的基础技术也广泛用于商业，特别是在市场营销领域。聚类分析被广泛用于欺诈检测（包括信用卡欺诈与电商欺诈），以及当今客户关系管理系统中对消费者的市场划分领域。随着聚类分析的优势愈来愈受到重视，该方法越来越被广泛应用，越来越多的应用程序在商业中得到研发。

聚类分析是解决分类问题的一种探索式数据分析工具，其目的是将目标（如人、物体、事件）分组或集聚，使得同一集群中成员的联系较强，而不同集群中的成员联系较弱，每一集群都体现了其成员所属类别。聚类分析中一个明显的一维例子就是建立分数范围，为某一大学班级确定班级等级，这与19世纪80年代美国财政部面临重新建立税级时所面临的聚类分析问题类似。聚类分析的虚构性实例可以在罗琳（J.K. Rowling）的《哈利·波特》（*Harry Porter*）中找到。在霍格沃茨魔法学校，分院帽运用这一分析法给一年级学生分配房间（例如宿舍）。另一个例子就是在婚礼上如何给客人分配座位。从数据挖掘者方面来说，聚类分析的重要性在于能够揭示数据中的关联性与结构，这些特征并不明显，但却很有意义。

聚类分析的结果可用于：

- 确定分类方案（例如，消费者类型）；
- 提供描述人口的统计模型建议；
- 为不同类别增添新实例建立规则，以有助于实现确定、瞄准与诊断等目的；
- 为广义概念提供定义、大小与变化等衡量标准；
- 发现典型案例，以标记与表示某一类别；
- 为其他数据挖掘方法减小问题空间与复杂性；
- 确定特定范围的异常值。

如何确定聚类的数量

聚类算法通常需要确定聚类的数量。这一数量若无法从已有的知识中获知，就需要用某种方式来确定。但是，我们并没有计算这个数字的最佳方式。因此，这里有几种常见的启发式方法。

- 计算方差的百分比，方差是由集群数量决定的。也就是说，选择某一集群数量，使得增加一个集群不会建立更好的数据模型。具体来说，在描绘由集群决定的方差百分比时，会出现一个点，在这一点边际收益开始下降（图形上是个角），这一点就是要找的集群数量。
- 将集群数量设为（n/2）(1/2)，这里 n 是数据点的数量。
- 运用 Akaike 信息标准（AIC），该标准用来衡量拟合优度（根据熵的概念）来确定集群数量。
- 运用 Bayesian 信息标准（BIC），该标准用于模型选取（根据最大似然估计）来确定集群数量。

聚类方法

聚类分析将一系列记录（样本、物体）分组，使得同一组（称为一个集群）中的对象比不同组（其他集群）的对象相似性更大。大多数聚类方法会用到距离测量来计算不同物体的相近度。常用的距离测量法包括欧氏距离法（可用直尺来测量的两点之间的距离）与曼哈顿距离法（也称为两点之间的直线距离或出租车距离）。我们有许多聚类分析方法，每种方法在确定物体或记录的分组时的方式都有所不同，图4—8展示了聚类方法的简单分类。

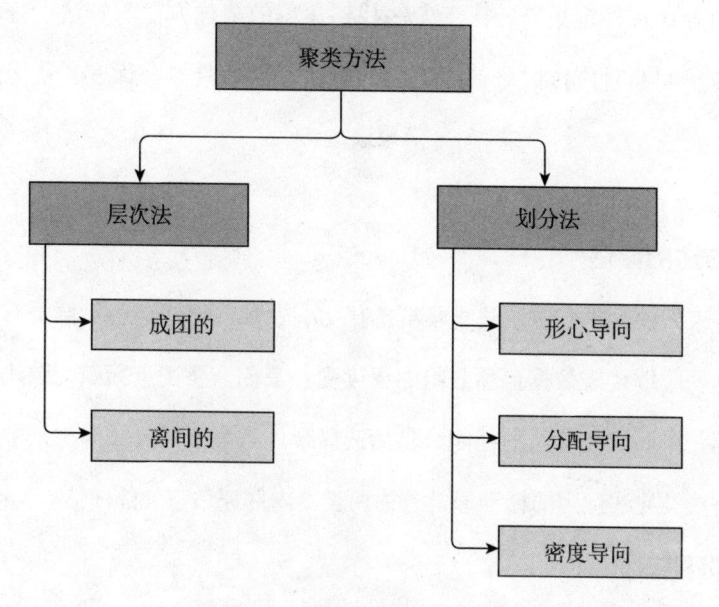

```
                    聚类方法
                   /        \
                层次法       划分法
                /  \         / | \
            成团的  离间的  形心导向 分配导向 密度导向
```

图4—8　聚类方法的简单分类

如图4—8所示，在最高层次，聚类方法分为层次法与划分法。层次聚类法基于相近的物体比距离远的物体的联系更紧密这一基本理念，因此，一个集群可以定义为能够连接所有相关物体的最大距离。不同的距离会形成不同的集群，这些集群可以用系统树图来表示，层次聚类法这一名称就是源于这种树图。在层次聚类法中，集群可以自下而上确定（成团地——从底部开始，每一个数据纪录都组成一个单独的组，然后增加相似的对象，建立更大的组），也可以自上而下确定（离间的——从顶部的集群开始依次将不同的对象拆分到特定的集群中去）。

而划分聚类法是基于多维度空间中物体有其自然分组这一理念。这些方法首先任意选择集群数量，将对象分配到最可能的集群中，然后更新集群数量与不同集群中对象的分配，直到找到稳定的集群空间。划分聚类法的具体算法采用不同的方式来确定集群。由于无法找到集群的最佳方法与算法，分析者在解决集群数量问题时应该试着使用不同的算法，评估其拟合优度，从而选择最适合的一种。

对聚类方法的评估

如何来评价聚类方法所建立集群的优劣呢？如何得知这些集群是有效的？如何得知这些集群代表数据自然分组的程度呢？我们需要衡量标准，以比较对于同一数据集、不同聚类算法的性能，然后选择最佳方案来解决数据挖掘中的分类问题。评估聚类方法优劣的标准通常分为两类：内部评估与外部评估。

内部评估

某些方法（或算法）建立的集群，使得某一集群内成员相似性高，集群之间成员相似性低，内部评估通常会给上述方法最高的评估分数。内部评估标准适于某种算法比另一种算法性能好的情况，但这并不意味着前种算法所产生的结果比后种"有效"。有效性与比较评估不同，因为它表示数据集中存在确定的集群结构。

这种评估方法在多维特征空间运用某种距离测量方法，衡量组内与组间的相似性。

在聚类评估中应用内部评估方法的一个劣势是由内部评估得到高分数，未必就意味着高效的信息检索程序。另外，这一评估方法偏向于运用同种聚类模型的算法。例如，k 均值聚类通常会最优化物距，以物距为基础的内部标准可能会高估最终的聚类。

外部评估

内部评估得到的聚类结果基于相似性标准来评估，而外部评估得到的聚类结果基于不用于聚类的数据（已知分类标签）来评估。这一评估方法由一系列预分类的纪录组成，这些纪录的类别或分类标签已知，都是由相关领域专家创立的。因此，比较集可以认为是评估聚类的黄金标准，这些评估方法衡量集群与预定义标记的类别相近性。外部评估虽然听起来合乎逻辑，但是其广泛应用也出现了不少问题。要为现实数据找到预先标记的类别显得非常困难，甚至不可能实现。而且，由于预先标记的类别包含某些自然结构，聚类算法使用的属性 / 变量可能不足以区分现实中的集群。

K 均值聚类算法

K 均值算法（这里 K 是预先确定的集群数量）是最常应用的聚类算法，它源于传统的统计学分析。作为以质心为基础的划分聚类法的一员，k 均值聚类法，正如其名，将每一个数据点（例如，消费者、事件、物体）分配到与其相距最近的中心（也称为质心）所属的集群中。该中心由计算集群中所有点的平均值得到，也就是说，其坐标是集群中所有点每个维度的算术平均值。相关算法步骤列举在此，并如图 4—9 所示。

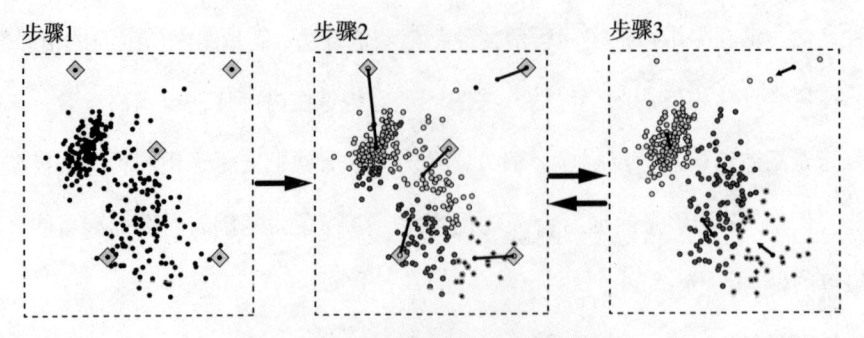

图4—9　K均值聚类算法步骤示例图

初始化步骤：即选择集群数量（即K的取值）：

1. 随机生成K个随机点，作为初始聚类中心；

2. 将每个点分配到最近的集群中心；

3. 再次计算新的集群中心；

重复步骤：重复步骤2与步骤3，直到找到趋同标准（即每个点所分配的集群趋于稳定）。

关联法

关联法，也称为关联规则挖掘、亲和力分析或市场篮子分析——是广为人知的数据挖掘方法，广泛作为实例来解释什么是数据挖掘，以及数据挖掘可以做什么。你们可能听说过杂货店中发现的著名的（也可能没那么有名，取决于你怎么看）啤酒销量与尿布销量之间的关系这一实例。正如故事所讲，某大型超市连锁店做了关于消费者购买习惯的分析，发现了啤酒购买量与尿布购买量之间的显著相关性。从理论上来讲，父亲（想必是年轻人）在超市驻足为孩子购买尿布（特别是在周四），由于他们无法像往常一样去体育酒吧，就连啤酒一同购买了。

发现这一现象后，连锁超市都将尿布放置在啤酒旁边，声称同时增加了两种商品的销量。

从本质上来说，关联规则挖掘旨在找出大数据库中变量（对象）之间有趣的关系（亲和力）。由于这种方法成功地应用于解决零售店销售问题，通常也称为市场篮子分析。这一分析的主要理念是确定通常一起购买的（在同一购物篮子中出现，杂货店中的实体购物篮或电商网页上的虚拟购物篮）不同商品（服务）之间的关系。例如，65%的消费者购买汽车综合保险的同时也会购买健康保险；80%在网上购买书籍的消费者也会在网上购买音乐；60%患有高血压与超重的人也患有高胆固醇；70%购买手提电脑与病毒防护软件的客户也会购买延保服务计划。

市场篮子分析只需输入售点的交易数据，这些数据即由一个交易实例下同时购买的许多商品与/或服务（就像购买收据的内容）制表而得。分析所得的结果是非常宝贵的信息，可以让商家更好地了解消费者购买行为，从商品交易中获得最高的利润。商家可以通过以下途径利用这类信息：（1）将不同商品放置在一起，方便消费者同时购买，买其中一种的同时不忘购买另一种（增加销售量）；（2）将不同商品作为整体促销（例如，其中一种商品促销时，不再对另一种商品进行促销）；（3）将不同商品分开放置，使得消费者需要在过道找寻它们，通过这种方式让消费者看到其他商品并购买。

对市场篮子分析的应用包括交叉营销、交叉销售、店面设计、目录设计、电商网站设计、网上广告最优化、产品定价、销售/促销配置，等等。从本质上说，市场篮子分析有助于商家从消费者的购买模式中发掘其需求与偏好。除商业领域外，关联规则在发掘疾病症状与疾病本身关系、患者特征及其治疗与诊断之间的关系（可以用于医疗决策支持系统）、基因及其功能（可用于基因组计划）等方面都得到了成功的应用。下面是应用关联规则挖掘的常见领域。

- **销售交易**。了解同时购买的零售商品组合可以改善销售区商品的放置方式（将同时购买的商品放置在相近的位置）、与商品促销定价（不同时促销两种一起购买的商品）。

- **信用卡交易**。了解使用信用卡购买的商品种类有助于了解消费者可能用信用卡或冒用信用卡号码购买的其他商品种类。

- **银行服务**。客户所享受服务的序列模式（支票账户后是储蓄账户）有助于确定其感兴趣的其他服务（例如投资账户）。

- **保险服务产品**。客户购买的捆绑式保险产品（汽车保险后是家庭保险）有助于宣传其他保险产品（例如人寿保险）。相反地，罕见的保险索赔组合则可能是欺诈。

- **电信服务**。通常同时购买的服务（例如呼叫等待、来电显示、三方通话）有助于更好地捆绑产品以提高收益。销售手机、电视与提供互联网服务的多渠道电信运营商也可以这样做。

- **医疗记录**。患者某些症状组合可能揭示并发症出现的高风险，或者使用某些医疗设施实施某些治疗程序可能与某些传染疾病相关。

关于关联规则挖掘法可以发掘的模式/关系有一个问题，即所有的关联规则都是有趣并且有用的吗？要回答这一问题，该方法使用了三个常用的度量指标：支持度（support）、置信度（confidence）与提升度（lift）。在定义这些术语之前，我们先来了解一下关联规则的形式。例如，在这一规则中，X（商品与/或服务，称为 LHS 或先导）与 Y 相关（商品与/或服务，称为 RHS 或后继）：

$$X \Rightarrow Y\ [S(\%),\ C(\%)]$$

这里 S 是支持度，C 是置信度。下面是支持度、置信度与提升度的简单公式：

$$支持度 = 支持度(X \Rightarrow Y) = \frac{同时会有 X 和 Y 的篮子数量}{总的篮子数}$$

$$置信度 = 置信度(X \Rightarrow Y) = \frac{支持度(X \Rightarrow Y)}{支持度(X)}$$

$$提升度(X \Rightarrow Y) = \frac{置信度(X \Rightarrow Y)}{斯望置信度(X \Rightarrow Y)} = \frac{\frac{S(X \Rightarrow Y)}{S(X)}}{\frac{S(X)*S(Y)}{S(X)}} = \frac{S(X \Rightarrow Y)}{S(X)*S(Y)}$$

商品与（或）服务的支持度（S）衡量商品与（或）服务（例如，LHS+RHS=手提电脑、杀毒软件与延长服务计划）同时出现在同一交易的频率——也就是说，包含所有符合规则的商品与（或）服务的交易在数据集中的比例。在这个例子中，所假定的存储数据库中 30% 的交易包含出现在同一张销货票的三种商品。某一规则的置信度衡量在 RHS（后继）的商品与（或）服务与在 LHS 的商品与（或）服务（先导）同时出现的频率——也就是说，包括 LHS 与 RHS 的交易所占比例。换句话说，在存在 LHS 的交易中，找到 RHS 的条件概率。关联规则的提升度是指规则的置信度与其期望置信度之间的比率。规则的期望置信度是指 LHS 与 RHS 的支持值除以 LHS 的支持度所得的商。

许多算法能够用来发掘关联规则，其中比较有名的有 Apriori 算法、Eclat 算法与 FP-Growth 算法。这些算法只做了一半的工作，即确定数据库中的频繁项集集合。频繁项集合确定之后，要转化为具有先导与后续的规则。根据频繁项集合确定关联规则是一个简单的匹配过程，但是对于巨大的交易数据库，这一过程无疑会非常耗费时间。虽然在规则的每部分会有许多项目，但是后续部分通常只包含一个项目。下一部分介绍了确定频繁项集合比较常用的算法。

Apriori 算法

Apriori 算法最常用于发掘关联规则。给定一系列项目集（例如，一系列零售交易、一一列举的个人购买商品），该算法旨在找到某种子集，至少出现在最小数目的项目集（遵循最小支持度）。该算法运用自下而上方法，频繁子集每次只增加一个项目（这种方法称为候选集，频繁集的大小从一个项目子集增加到两个项目子集、三项目子集，以此类推）。每个项目水平上的候选组要通过数据测试，符合最小支持度。当没有符合条件的增加项目出现时，该算法才终止。

以下让我们来举例说明。某杂货店通过库存单位跟踪销售交易，以获知消费者会同时购买哪些商品。图4—10是交易的数据库与随后确定频繁项目集的步骤。交易数据库中每个库存单位表示一种商品，例如，1=黄油，2=面包，3=水，等等。Apriori 算法中的第一步是数出每个项目（单项目集）出现的频次（支持度）。在这个简化的例子中，设最小支持度为3（或50%，表示某一项目集若在数据库中的6次交易中至少出现3次就属于频繁项集合）。由于所有的单项目集在支持度一栏都至少是3，它们都是频繁项集合。然而，若任一个单项目集不是频繁项集合，就不会成为双项目集中的成员。通过这种方式，Apriori 算法可以修剪所有项目集树。如图4—10所示，利用单项目集可以得到所有可能的双项目集，交易数据库用来计算这些项目集的支持度。由于双项目集{1，3}中有一个值小于3，该项目集就不能用于产生下一个水平的项目集的频繁项目集（三项目集）。这一算法看似简单，但只是针对小数据集。对于更大的数据集，尤其是大数目项目以小数量表示或小数目项目以大数量表示，该算法的计算量会非常大。

原始交易数据		一个项目子集		两个项目子集		三个项目子集	
交易编号	库存单位（项目编号）	项目编号（库存单位）	支持度	项目编号（库存单位）	支持度	项目编号（库存单位）	支持度
1001234	1, 2, 3, 4	1	3	1, 2	3	1, 2, 4	3
1001235	2, 3, 4	2	6	1, 3	2	2, 3, 4	3
1001236	2, 3	3	4	1, 4	3		
1001237	1, 2, 4	4	5	2, 3	4		
1001238	1, 2, 3, 4			2, 4	5		
1001239	2, 4			3, 4	3		

图 4—10　用演绎法确定频繁项目集过程

对数据挖掘的误解与事实

数据挖掘这一分析工具非常有力，使得商家不但能够描述历史交易的特征，还能预测未来交易，帮助营销者找到相关模式，揭开消费者行为这一谜题。数据挖掘所得的结果可以用来提高收益、降低花费、识别诈骗、发现商机，为商业提供一个具有竞争优势的全新领域。数据挖掘不断升级，不断成熟，通常会对其产生一些误解，如表 4—3 所示。

表 4—3　　　　　　　　有关数据挖掘的一些误解与事实

误解	事实
数据挖掘提供即时、水晶球般的预测	数据挖掘这一程序包含多个步骤，需要精心、主动设计与应用
数据挖掘不适用于商业应用	当今最先进的技术几乎都可用于任何商业
数据挖掘需要独立、专门的数据库	数据库科技的先进性使得数据挖掘不需要专门的数据库，但是其使用会带来锦上添花的效果
只有获得高学历的人才会用数据挖掘	以互联网为基础的工具使得所有教育水平的经理都可以使用数据库
数据挖掘只适用于拥有大量消费者数据的大公司	公司的数据只要正确反映商业活动与其消费者，都可以应用数据挖掘

预言数据挖掘的人在了解了上述误解的真实性后，获得了巨大的竞争优势。

以下十个有关数据挖掘的错误在实际应用中经常会犯，应该尽量避免：

1. 选择了错误的数据挖掘问题；

2. 忽略了赞助商对数据挖掘的理解、数据挖掘能做什么与不能做什么；

3. 准备数据时间不充分，这一阶段要比想象中花更多精力；

4. 只关注整合结果，不关注单个纪录。IBM 的 DB2 IMS 能够说明单个纪录的重要性；

5. 懈怠跟踪数据挖掘程序与结果；

6. 忽略可疑发现而急于继续进行；

7. 重复盲目运行挖掘算法。仔细思考数据分析的下一步非常重要，数据挖掘非常重视实际操作；

8. 相信你听说的任何关于数据的言论；

9. 相信你听说的任何关于你的数据挖掘分析的言论；

10. 与赞助商使用不同的标准衡量结果。

应用实例：预测 NCAA 赛事结果

预测大学足球比赛结果（可以说任何体育赛事）这一问题既有趣味，又富有挑战性。学术界与工商界中敢于挑战的研究人员都想方设法预测体育赛事的结果。不同的媒体（通常是公开的）会报道大量的历史数据，这些数据都是关于体育赛事的结构与结果，以不同的数字或符号出现，其中存在着有助于推算结果的因素。然而，虽然存在大量关于体育赛事的文献（基于数字文献数据库超过 43 000 次点击访问），只有少量文献聚焦赛事预测特点，大部分文献都是有关体育市场效率的。以前大部分博彩市场研究都与市场经济效率有关（Van Bruggen et al., 2010），并不评估与那些赛事相关的实际（或暗示的）预测。而事实证明，从测试市场经济效率的研究中获取大量有关预测与预测程序的信息是可能的（Stekler et al., 2010）。

赛季末的超级碗比赛对于大学的经济（带来上百万美元的额外收益）与声望（为其体育项目招收优质生源）都有非常重要的意义。参加超级碗比赛选拔的团队会分配收益，收益的多少取决于超级碗比赛规模的大小，有些比赛名声较大，参加比赛的两个团队也会获得更高的红利。因此，获得超级碗比赛的邀请是任何大学橄榄球项目的目标。超级碗比赛的决策人员有权力选择并邀请杰出的团队（在当年赛季赢得其 I-A 对手六次的团队）参加激动人心、竞争激烈的超级碗比赛。这一比赛会吸引双方学校的球迷来观赛，剩下的球迷会通过各种媒体来了解赛事。

据最近的数据挖掘研究，德伦利用8年的超级碗比赛数据，通过三种比较流行的数据挖掘方法（决策树、神经网络与支持向量机）分别从分类角度（赢与输）与回归角度（对手得分预测值差异）预测了赛事结果。

方法

在本次研究中，德伦与同事们运用了跨行业标准化数据挖掘流程。该流程共有6个步骤：（1）了解研究领域，建立研究目标；（2）确定、收集并理解相关数据源；（3）预处理、清理并转换相关数据；（4）应用比较分析技术建立模型；（5）评估不同模型之间、模型与研究目标相比的有效性与效用；（6）将模型应用于决策过程。这一普遍适用的方法使德伦与同事们能够系统并有组织地进行基础数据挖掘研究，提高获取正确可靠结果的可能性，该方法在第3章中有详细的介绍。

为了客观地评估不同模型的预测能力，德伦与同事们运用交叉验证方法来比较不同模型的预测精确度，这一统计方法经常用于数据挖掘中。传统的交叉验证方法将数据分为两个互相独立的子集，然后进行训练与测试（或者分为三个子集，这种情况出现在包含有效集的神经网络中）。这种单一的随机分配可能使子集中，尤其是小的数据集表示不均匀。德伦与同事们运用了K重交叉验证法来降低训练与测试数据样本随机取样的偏置性。图4—11是研究者所使用方法的图解。

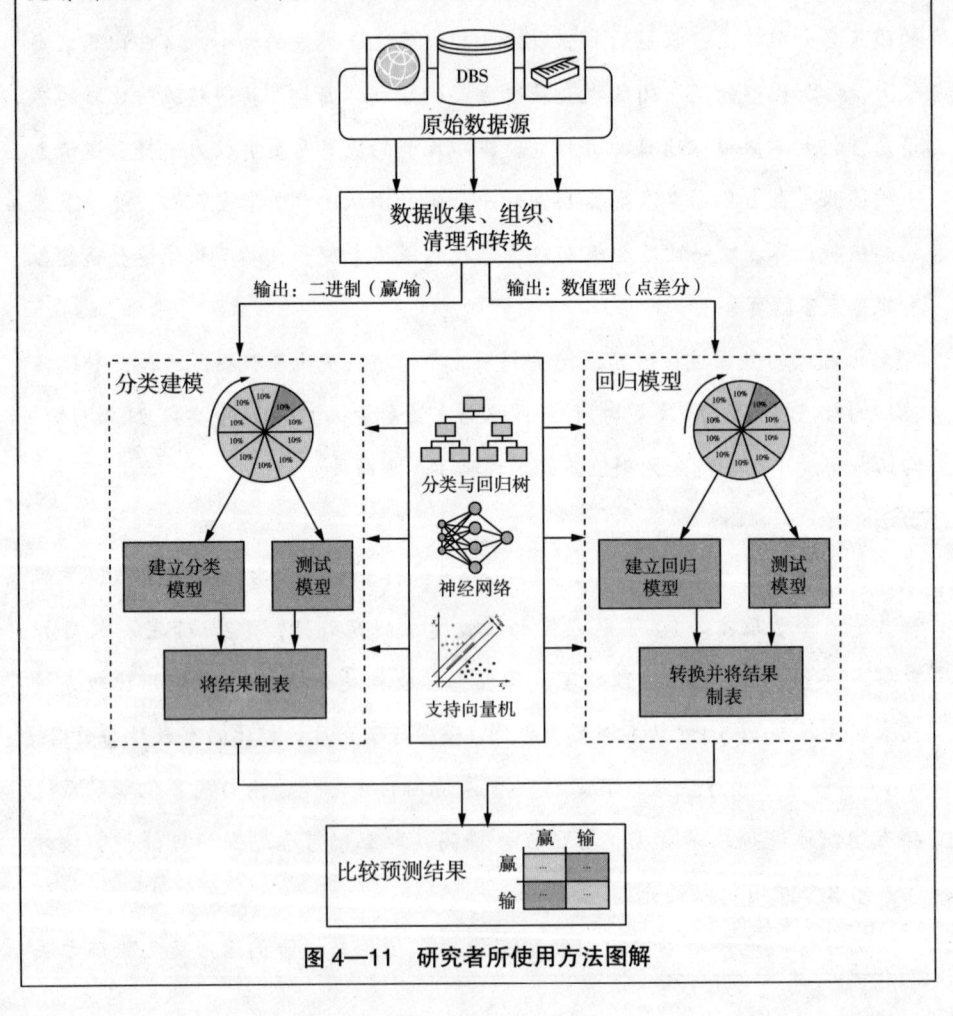

图4—11 研究者所使用方法图解

数据

本次研究所使用的样本数据是从不同的体育数据库中收集而来,例如,ESPN.com、Covers.com、ncaa.org、rauzulusstreet.com,等等。所用数据集不仅包含244超级碗比赛,代表着2002年—2009年完整的8次比赛,还包括一个样本外数据集(2010年—2011年超级碗比赛),用作有效性测试。研究者在操作这一数据挖掘方法时,尽可能多地将相关信息加入到模型中。因此,经过深入的变量确定与收集程序后,得到包含36个变量的数据集。前6个变量是已经确定的:超级碗比赛的名称与举办时间、主客场团队名称与其体育大会(见表4—4中的第1个至第6个变量),中间有28个输入变量,描述了团队每季中防卫与进攻的数据、比赛结果、团队成员特点、体育大会特点、团队如何面对逆境(见表4—5中的第7个至第34个变量),最后两个变量是输出变量,即ScoreDiff(用整数表示的主客团队分数差异性)与WinLoss(用名称表示主场团队是否赢得比赛)。

数据集的格式如下,每一行(也称为数组、格、样本、例子)表示一次超级碗比赛,每一列表示一个变量(编号/输入或输出类型)。研究者计算并使用了两队度量的差异,以表示与比赛相关的比较性特征。所有的变量值都是从主场团队角度计算而得。例如,变量PPG(团队在每场比赛中获得的平均分数)表示主场团队与客场团队的PPG差异。输出变量表示主场团队是否期望赢得比赛,也就是说,若ScoreDiff这一变量是正整数,则主场团队期望赢得比赛;若这一变量是负整数,则主场团队期望输掉比赛。WinLoss这一输出变量的值只有两种情况,赢或输,表示主场团队的比赛结果。

表 4—4　　　　　　　　研究者所用的变量描述表

序号	类别	变量名称	描述
1	ID	YEAR	碗赛举行时间
2	ID	BOWL GAME	碗赛名称
3	ID	HOMETEAM	主场团队（如碗赛举办方所列）
4	ID	AWAYTEAM	客场团队（如碗赛举办方所列）
5	ID	HOMECONFERENCE	主场团队会议
6	ID	AWAYCONFERENCE	客场团队会议
7	I1	DEFPTPGM	每场比赛防卫得分
8	I1	DEFRYDPGM	每场比赛防卫冲刺距离
9	I1	DEFYDPGM	每场比赛防卫距离
10	I1	PPG	每场比赛每支队伍的平均得分
11	I1	PYDPGM	每场比赛平均总过场距离
12	I1	RYDPGM	每场比赛团队平均总冲刺距离
13	I1	YRDPGM	每场比赛平均总进攻距离
14	I2	HMWIN%	主场优胜率
15	I2	LAST7	过去七场比赛中，团队优胜的数量
16	I2	MARGOVIC	平均优胜边际
17	I2	NCTW	非联盟团队优胜率
18	I2	PREVAPP	团队去年是否参加了碗赛
19	I2	RDWIN%	客场团队优胜率
20	I2	SEASTW	年度优胜率
21	I2	TOP25	对年度 25 强团队优胜率
22	I3	TSOS	当年赛季长度
23	I3	FR%	当年初级选手参加的比赛频率

续前表

序号	类别	变量名称	描述
24	I3	SO%	当年中下级选手参加的比赛频率
25	I3	JR%	当年中上级选手参加的比赛频率
26	I3	SR%	当年高级选手参加的比赛频率
27	I4	SEASOvUn%	本赛季中团队分数超过 O/U 的频率
28	I4	ATSCOV%	团队在上届碗赛中让分的投保率
29	I4	UNDER%	上届碗赛中团队形势走低的频率
30	I4	OVER%	上届碗赛团队形势走高的频率
31	I4	SEASATS%	本赛季中团队让分的投保率
32	I5	CONCH	团队是否获得自己参加联赛的胜利
33	I5	CONFSOS	联赛时间长度
34	I5	CONFWON%	联盟获胜率
35	O1	ScoreDiff	分差（主场分数对客场分数）
36	O2	WinLoss	主场团队是否赢得比赛

注：Over/Under：团队超过或低于预期分差

产出变量：回归模型的变量是分差（ScoreDiff），二元分类模型变量为输赢（WinLoss）

I1：进攻或防守；I2：比赛结果；I3：团队结构；I4：赔率；I5：联盟数据

ID：识别变量；O1：回归模型的产出变量；O2：分类模型的产出变量

具体方法

本次研究运用了三种预测性技术来建立模型（并作了相互比较），包括人工神经网络、决策树与支持向量机。选取这三种技术是根据它们建立模型解决分类或回归问题的能力与在最近出版的数据挖掘文献中的受欢迎程度。本书第 5 章会详细介绍这些方法的细节。

评估

研究者采用分层 K 重交叉验证法来比较不同模型的预测精确度。在分层 K 重交叉验证法中,折叠次数所包含的预测标签(类别)与原始数据集大体相同。本次研究中,K 值为 10(244 个样本被分为 10 个子集,每个子集有 25 个样本),这种设定在数据挖掘中经常用到。十重交叉验证的图解在本章前面有所涉及(见图 4—6)。研究者选取了三个常见的性能指标精确性、敏感性与特异性来比较三种方法建立的预测模型。本章前部分也介绍了这三个指标的简单公式。

结论

表 4—5 与表 4—6 列出了三种建模方法的预测结果。表 4—5 表示分类方法所得的十重交叉验证结果,这里三种数据挖掘方法形成二进制名义上的输出变量(赢/输),表 4—6 表示回归方法所得的十重交叉验证结果,这里三种数据方法形成数值型输出变量(ScoreDiff)。在基于回归的分类预测中,模型的数值型输入通过将正的"赢/输"数字标为 Win、负的数字标为 Loss 并在混淆矩阵中列表这一方式转换为分类问题。运用混淆矩阵,每个模型的预测精确性、敏感性与特异性在这两个表中计算得到。

正如结果所示,分类预测方法比以回归为基础的分类预测方法好。在这三种数据挖掘方法中,分类与回归树在所有预测方法中的预测精确度更高。整体来说,分类与回归树分类模型的十重交叉检验精确度为 86.48%,往后依次为支持向量机(79.51%)、神经网络(75%)。研究者运用 t 检验,发现这些精确值在 α 为 0.05 的水平上显著不同,也就是说,决策树在这一领域比神经网络与支持向量机具有更好的预测效果,支持向量机比神经网络预测效果好。

表 4—5 　　　　　　　　直接分类方法的预测结果

预测方法（分类）[①]	混淆矩阵		精确度[②]（%）	敏感度（%）	特异度（%）
	赢	输			
ANN（MLP） 赢	92	42	75.00	68.66	82.73
输	19	91			
SVM（RBF） 赢	105	29	79.51	78.36	80.91
输	21	89			
DT（C&RT） 赢	113	21	86.48	84.33	89.09
输	12	98			

注：① 结果变量是一组二元变量（赢或输）。

② 差异性明显（p<0.01）。

表 4—6 　　　　　　　　回归分类方法的预测结果

预测方法（回归）[①]	混淆矩阵		精确度[②]（%）	敏感度（%）	特异度（%）
	赢	输			
ANN（MLP） 赢	94	40	72.54	70.15	75.45
输	27	83			
SVM（RBF） 赢	100	34	74.59	74.63	74.55
输	28	82			
DT（C&RT） 赢	106	28	77.87	76.36	79.10
输	26	84			

注：① 结果变量是一组数值或整数变量（分数差异）。

② 差异性明显（p<0.01）。

研究结果表明，分类模型比基于回归的分类模型能够更好地预测比赛结果。这些结果仅仅局限在应用领域与本研究中的数据，因此无法将其一般化，但是这些结果非常振奋人心，因为与其他在本次研究中应用的两种机器学习技术相比，决策树不仅能够很好地预测，而且便于理解与应用。

第 5 章 数据挖掘算法

数据挖掘方法，特别是用来建立预测模型的方法，都源自传统的统计方法/算法或当今的机器学习技术/系统。统计方法由来已久，理论体系相对而言比较成熟，而机器学习技术实用性较强，精确度较高（基于大量发表的比较研究文献）。对数据挖掘发展影响较大的统计方法包括判别分析、线性回归与逻辑回归。成功用于解决数据挖掘问题的机器学习技术包括邻近法、人工神经网络与支持向量机。这三种机器学习技术可以解决分类与基于回归的预测问题，并通常用于解决其他技术无法解决的复杂的预测问题。

由于机器学习技术普遍出现在数据挖掘文献中，本章将详细介绍这些技术，但是对于其算法的解释不会非常专业。同时，也会涉及到之前提到的统计方法，以便于全面介绍数据挖掘方法。

近邻算法

数据挖掘算法往往非常数学化且计算量巨大。人工神经网络与支持向量机都需要执行非常耗时、计算量巨大的迭代数学推导。相反地，k近邻算法似乎是非常简单的预测方法，要理解（并向别人解释）该方法是什么、如何操作是非常容易的。k近邻算法这一预测方法同时适用于分类与基于回归的预测问题，它基于实例来学习（或称为懒惰式学习），所得到的函数依据邻近原则估计，所有的计算都延迟到与实际预测一起进行。

k近邻算法是最简单的机器学习算法。举个例子，如在分类预测中，某一样本的类别是由其最邻近的大多数样本决定的，在k个最相似（即特征空间中最邻近）的样本中的大多数属于某一个类别，则该样本也属于这个类别（k是正整数）。若k=1，则样本就是其最邻近的样本所属的类别。图5—1用简单的二维空间，即只有变量x与y来说明这一概念。星号表示一个新的样本（或物体），圆圈与正方形表示已知的样本（或例子）。要做的就是根据新样本与已知样本的相近程度（相似性）将其分配到圆圈或者正方形中。若将k设为1（k=1），新样本应分配到正方形中，因为最靠近星号的是正方形；若将k设为3（k=3），新样本应分配到圆圈中，因为星号附近有两个圆圈，一个正方形，根据大多数原则，新样本属于圆圈；同样地，若将k设为5（k=5），新样本应分配到正方形中。这一简化的例子旨在说明k值的重要性。

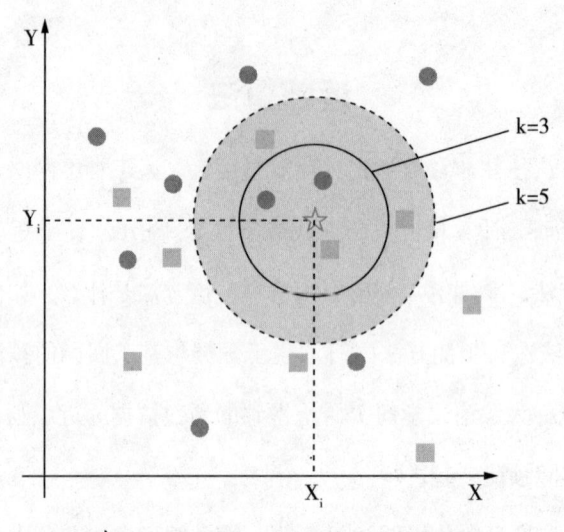

图 5—1　K 值在 k 近邻算法中的重要性

回归型的预测问题也可以应用这一简单方法，即用 k 个最邻近样本平均值预测新样本的类别。在计算平均值时，要考虑每个邻近样本的权重，使得最邻近的样本比平均水平的贡献要多，而相对较远的样本比平均水平的贡献要少。常用的权重方法就是给每一个邻近样本一个权重值 1/d，这里 d 表示新样本与邻近样本的距离。这一方法从本质上说是线性插值的一般化。

邻近样本是从一系列正确分类（在回归问题中，输出变量的数值是已知的）的样本中提取的，这些样本可以作为算法的训练集，但是并不需要明确的训练程序。k 近邻算法对数据局部结构的敏感度较高。

评估相似性：距离度量

分析者在应用 k 近邻算法时，需要决定两个因素：一是评估相似性；二是确定 k 值。在 k 近邻算法中，相似性评估方法是可计算的距离度量。该算法根据 k

个距离新样本最近的样本来作出预测。因此，要用这种算法预测，分析者需要确定度量标准，以度量新样本与已知样本之间的距离。常见的测量距离的方法有欧式距离（公式3），即测量两点之间的线性距离；另一种方法是直线距离（也称为城市街区或曼哈顿距离，见公式2）。上述两种方法都是Minkowski距离法（公式1）的特例。

以下是Minkowski距离法的公式：

$$d(i,j) = \sqrt[q]{(|x_{i_1}-x_{j_1}|^q+|x_{i_2}-x_{j_2}|^q+\cdots+|x_{i_p}-x_{j_p}|^q)} \tag{1}$$

其中，$i(x_{i_1}, x_{i_2}, \cdots, x_{i_q})$和$i(x_{j_1}, x_{j_2}, \cdots, x_{j_p})$，是两个p维的数据样本（如，新案例或是数据集中的新样本），而p是一个正整数。

若q=1，则d称为曼哈顿距离，其公式如下：

$$d(i,j) = |x_{i_1}-x_{j_1}|+|x_{i_2}-x_{j_2}|+\cdots+|x_{i_p}-x_{j_p}| \tag{2}$$

若q=2，则d称为欧式距离，其公式如下：

$$d(i,j) = \sqrt{(|x_{i_1}-x_{j_1}|^2+|x_{i_2}-x_{j_2}|^2+\cdots+|x_{i_p}-x_{j_p}|^2)} \tag{3}$$

显而易见，上述方法只适用于数值化数据。名目数据该用什么方法来度量距离呢？在多重名义变量中，若新样本的该变量值与已知样本的变量值相同，则其距离为0；否则为1。文本分类问题要用到更高级的度量法，如重叠指标（也称为Hamming距离法）。通常情况下，若应用不同的距离度量法测量，并选取最合适的方法，k近邻算法的分类精确度会大大提高。

参数选择

参数k的最优取值取决于数据。一般情况下，k值越大，分类（回归）的干扰越小，但是不同类别之间的界限越不明显。参数 k 的最优取值可以使用启发式算法得到，如交叉验证法。样本的类别由最邻近的训练样本所属类别决定这一情况（即 k=1）称为近邻算法。

交叉验证法

交叉验证法这一实验方法已经建立得相对完善，可以用来确定模型中未知参数的最优值。交叉验证法主要应用于机器学习技术中，这是由于机器学习涉及许多待确定的未知参数。这一实验方法的基本理念是将数据样本分成许多随机抽取、不相关的子样本（v 个样本）。对于每个可能的 k 值，使用 k 近邻算法根据 v-1 个样本预测第 v 个样本值，并评估误差。误差在回归预测问题中，通常用均方根误差来表示，在分类预测问题中，通常用正确分类的样本比例（命中率）来表示。这一用剩余的样本来检验每个样本的过程要重复 v 次，v 次循环结束后，通过累计的误差值衡量模型预测的精确度（在某一 k 值下模型预测结果的好坏）。最终，使得总体误差最小的 k 值为其最优值。图 5—2 展示了上述过程，训练集用于确定 k 的最优值与距离度量，得到的 k 最优值与距离度量再用来预测新的样本类别。

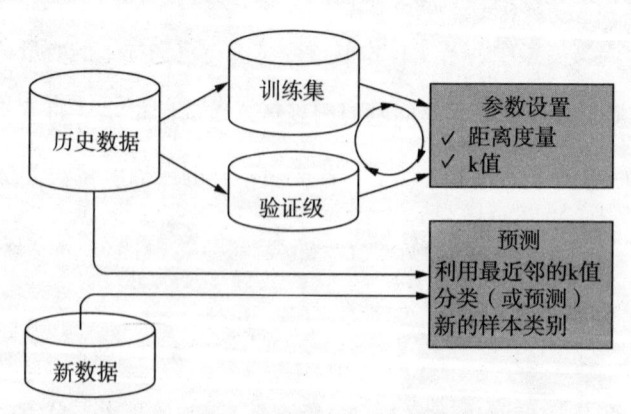

图 5—2 距离度量和用 K 值预测最优值过程

通过上述简单的例子可以看出，k近邻算法的精确性会随着k值的变化而变化。而且，该算法的预测能力会由于干扰、不准确、不相关等特性的出现而下降。许多研究都致力于选择数据特征并将特征正常化，以保证预测结果的可靠性。特别是，进化算法（遗传算法）通常用来优化k近邻算法预测系统中的数据特征。在二项（两种类别）分类问题中，k一般取奇数值来避免均衡结果。

k近邻算法根据大多数原则进行分类的缺点在于，具有更多样本的类别往往支配新样本的分类，因为它们更多地出现在根据大多数原则计算得到的k个最邻近的样本中。衡量分类结果，度量待分类样本与k个邻近样本中每个样本的距离，可以克服这一缺点。此外，选取数据代表时运用同一抽象级别也可以克服这一缺点。

通过计算待分类样本与已知样本的距离可以轻而易举地实现简化版的k近邻算法。然而，这其中的计算量很大，尤其是当训练集数量增多时。许多寻找近邻样本的算法不断出现，这些算法通常都是减少距离计算数量。因此，即使数据集很大，只要运用合适的寻找近邻样本的算法，就可以很有效地降低运算量，实现k近邻算法。

人工神经网络

神经网络根据大脑思维过程来处理信息，这些模型受到生物启发，并非大脑的复制品。神经网络这一系统在预测与商业分类领域发展前景非常大，这是因为其具备从数据中"学习"的能力、非参数的特性（无硬性假设）以及一般化的能力。神经计算是用于机器学习的一种模式识别方法，该方法的计算结果所呈现的模型通常称为人工神经网络或简称为神经网络。神经网络已经作为商业应用程序用于模式识别、预测与分类等方面。神经网络计算是数据挖掘工具箱中非常重要的组成部分。神经网络广泛应用于金融、市场、制造、运营、信息系统等领域。因此，本章将详细地阐述神经网络模型、方法与应用。

人类的大脑具备惊人的能力，能够处理信息与解决问题，即便是当今最先进的电脑，在很多方面也无法与之匹敌。据说，由大脑研究启发与支持建立起来的模型或系统具备与大脑相似的智能，这些模型或系统与生物神经网络有着相似的结构。基于这一自下而上的方法，人工神经网络（也称为联结主义模型、并行分布处理模型、神经形态系统或简单的神经网络）作为受到生物启发、较为合理的模型建立起来，用于解决多种问题。

生物神经网络由许多大规模互相连接的神经元组成，每个神经元都具有轴突与树突，这些指状突起使得神经元与相邻神经元通过传播、接收电信号与化学信号达到交流的目的。人工神经网络与生物神经网络结构相似，由互相连接、称为人工神经元的简单处理元件组成。在处理信息过程中，人工神经网络中的处理元件同时运作，这一点与生物神经元一样。人工神经网络具备类似于生物神经网络的许多可取特征，例如学习能力、自我组织能力与支持容忍错误能力。

研究者利用长达半个多世纪的时间来研究人工神经网络。关于这一领域的正式研究始于1943年麦卡洛克（McCulloch）和匹兹（Pitts）的作品，两位研究者受到生活实验与观察的启发，引进了二进制人工神经元这一简单的模型，这一神经元具备生物神经元的某些功能。他们应用信息处理机器建立大脑模型，以此运用大量互相连接的二进制人工神经元建立起神经网络模型。从那以后，神经网络研究在19世纪50代后期与19世纪60代初期颇受关注。但是，1969年，在明斯基（Minsky）与佩伯特（Papert）全面分析早期神经网络模型，并对研究前景作出较为悲观的评价后，研究者对于神经网络的兴趣大大降低。

近二十年来，由于新型网络拓扑结构、新型神经元激励函数、新的学习算法的出现以及神经科学与认知科学的进一步发展，人工神经网络研究东山再起。理论与方法论不断取得进步，克服了几十年前阻碍神经网络研究发展的障碍。大量研究结果表明，神经网络广泛得到认可与欢迎。而且，神经信息处理方法具备的特征使得神经网络在解决复杂问题方面具有很大优势。人工神经网络已经用于解决许多复杂问题，这一成功应用激起了工商业各界对神经网络应用的极大兴趣。

生物神经网络与人工神经网络

人类的大脑由神经元这一特殊的细胞组成。人在受伤时，这些细胞不会死亡，而会得到补充（其他所有细胞通过复制来代替死亡的细胞）。这一现象可以解释为什么人可以在很长一段时间内记忆信息，随着年龄的增长逐渐忘记这些信息——因为脑细胞逐渐死亡。信息储存跨越大量神经元，人脑约有 500 亿至 1 500 亿个神经元，这些神经元的种类多于一百种。神经元被分为不同的小组，这些小组称为神经网络。每个神经网络包含上千个互相连接的神经元。因此，人类大脑可以看作神经网络的集合。

具备学习能力与对环境变化的反应能力需要智能。大脑与中枢神经系统就是控制人们思考与智能行为的部分。如果人的大脑受损，则会变得学习困难并很难对环境变化作出反应。即便如此，大脑未受损害的部分依然可以通过不断地学习加以弥补。

图5—3是由两个细胞组成的神经网络的一部分。细胞本身包含一个细胞核（神经元的中枢处理部分）。由树突传输输出信号给左边第一个细胞，轴突通过轴突末端传输输出信号给右边的细胞，这些轴突末端与第二个细胞的树突融合。信号可以在不发生变化的情况下传输，或者被神经元的突触改变。突触能够提高或降低神经元之间的联系强度，造成随后神经元的神经冲动或神经抑制。这就是信息如何在神经网络中储存的。

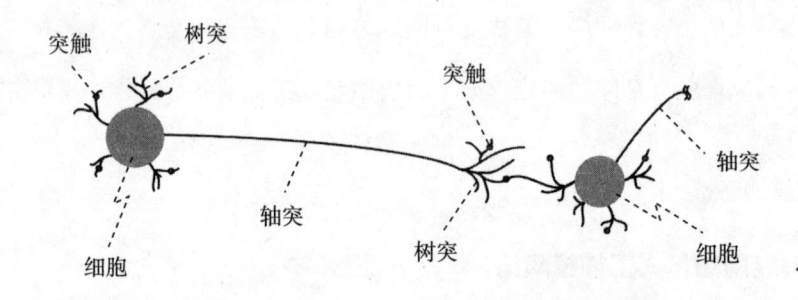

图5—3　生物神经网络：由两个相互连接的细胞/神经元组成

人工神经网络模仿生物神经网络，实际上神经计算仅仅应用了生物神经系统中有限的概念。表5—1是生物神经网络与人工神经网络的简单术语总结。与其说人工神经网络是一个精确的模型，倒不如说它更像人类的大脑。神经概念一般通过大规模并行程序的软件模拟体现，这些程序用于处理网络结构体系中互相连接的元件（也称为人工神经元或神经元）。人工神经元接收输入信号，正如生物神经元的树突接收来自其他神经元的电子化学冲动。人工神经元的输出信号相当于生物神经元通过轴突输出的信号。这些人工信号能够通过权重改变，正如神经突触中的信号变化（见图5—4）。

表 5—1　　　　　生物神经网络与人工神经网络的简单术语总结

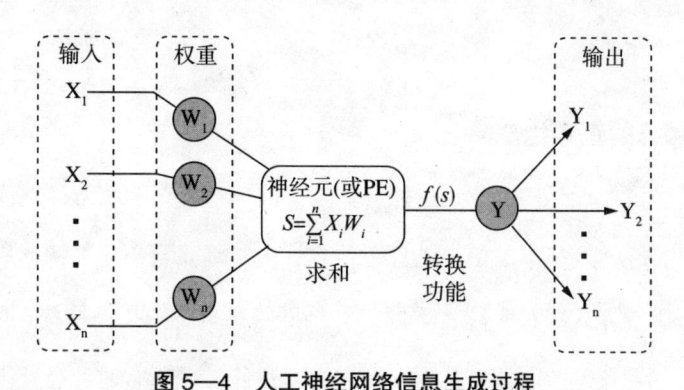

生物神经网络	人工神经网络
细胞	节点
树突	输入
轴突	输出
突触	权重
慢	快
许多神经元	少量神经元（一打到上百到上千）

图 5—4　人工神经网络信息生成过程

许多人工神经网络模型已经建立起来，以备解决不同领域所出现的问题。区别不同神经模型最简单的方式是看它们如何在结构上模仿人类大脑，如何处理信息，以及如何执行所分配的任务。

由于这些神经模型是受到生物神经启发建立的，因此，神经网络的主要信息处理元件是单独的神经元，这与大脑的神经元是类似的。这些人工神经元接收来自其他神经元或外部输入刺激信息，将这些信息加以转化，并将其传输给其他神经元或外部输出，这个过程跟人类大脑的运作过程是相似的。在不同的神经元之间传递信息可以看作是刺激的一种方式，是某些神经元基于接收的信息或刺激作出的反应。

神经网络处理信息的方式是由其固有的结构功能所决定的。神经网络可以有一层或多层神经元，这些神经元可能连接非常紧密，也可能只有某些层次互相连接。不同神经元之间的连接都有相关权重。从本质上说，神经网络处理的"信息"都封装在这些互相联系的权重中，每个神经元都计算出传入神经元值的加权之和，并转化这一输入，将所得的神经元值传输给随后的神经元。特别是，在单独的神经元水平上这一输入/输出转换过程大部分都是以非线性方式进行的。

人工神经网络的基本组成

神经网络由处理元件组成，这些元件以不同的方式组织起来，形成了神经网络的结构。神经元是基本的信息处理单位，许多神经元组织起来就形成了一个神经网络。组织的方式多种多样，不同的神经网络结构称为拓扑结构。前馈/逆向传播模式（或者只是逆向传播）这一著名的方法能够使所有的神经元将上层输出信息与下层输入信息联系起来，但是并不联系反馈信息。逆向传播是最常用的神经网络模式。

信息处理元件

人工神经元是人工神经网络的信息处理元件，如图 5—4 所示，每个神经元接收输入信号并加以处理，然后输出信号。输入信号可以是原始数据或者是其他处理元件的输出信号，输出信号可以是最终结构（例如，1 表示是，0 表示否），或者是其他神经元的输入信号。

神经网络结构

每个人工神经网络都是人工神经元的集合，这些神经元被分成不同的层次。

如图 5—5 所示，该结构有三个层次：输入层、中间层（称为隐藏层）与输出层。隐藏层中的神经元接收前一层神经元传输的信号并将其转化为输出信号，以便得到进一步处理。虽然通常情况下，输入层与输出层之间只有一个隐藏层，但是它们之间也可以有许多隐藏层。在只有一个隐藏层的情况下，该层只是将输入信号转换成非线性的组合，并将其传输到输出层。隐藏层是抽取特征的机制，这是我们对其的一般理解，也就是说，隐藏层将原始输入信号转换成这种输入的更高层次的组合。

对于不同的分析问题有不同的神经网络结构（或结构），应用较为普遍的有前馈结构（多层逆向传播感知器）、联想式记忆与 Hopfield 神经网络，而多层前馈神经网络感知器大概是目前最为普遍的结构，图 5—5 是该结构的一般组成。如图所示，信息从输入层到隐藏层，再从隐藏层到输出层都是单向的。

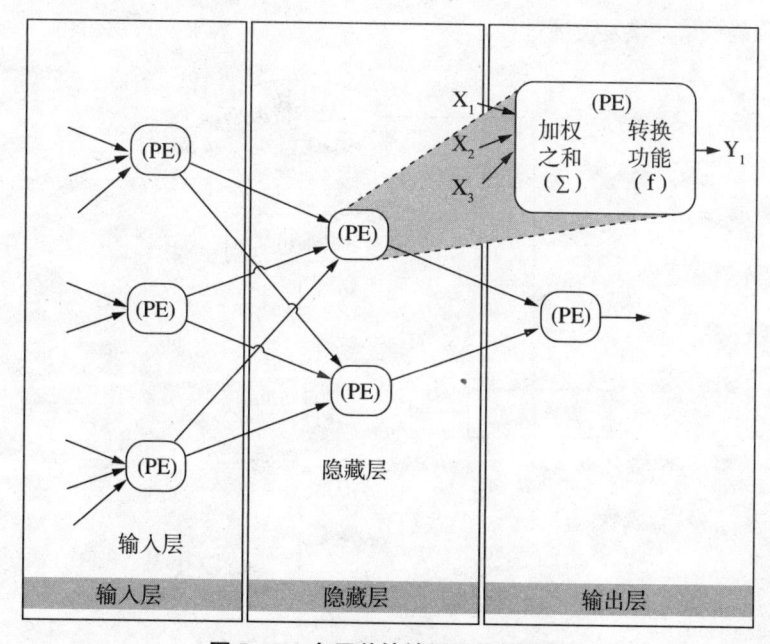

图 5—5　多层前馈神经网络的结构

人工神经网络与生物神经网络一样，可以采取不同的方式进行组织（例如，拓扑结构或者总体层次结构），也就是说，人工神经元可以由不同的方式互相连接。在处理信息的过程中，许多处理元件会同时进行计算，这一并行处理过程与大脑运作过程是一样的，与传统计算的串行处理过程是不同的。

神经网络的学习过程是如何产生的

人工神经网络中的多层感知器结构运用监督式学习方式。这种方式下的学习过程是诱导式的，也就是说，参数值（连接权）是从已知的例子中得到的。通常来说，多层感知器类型的人工神经网络中信息处理过程有以下3步（如图5—6所示）：

1. 计算临时输出；

2. 将输出与所要结果作比较；

3. 调整权重并重复上述过程。

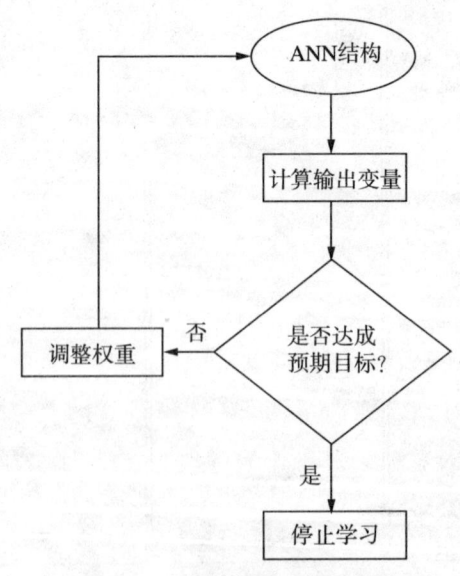

图 5—6　ANN 监督式学习过程

逆向传播

逆向传播（或反向误差传播）这一监督式学习算法在神经网络中应用最为普遍，这一算法相对容易执行并产生异常精确的结果。一个逆向传播神经网络包含一个或多个隐藏层，这种神经网络之所以属于前馈结构，是因为其某一处理元件的输出信息与同一层或前一层节点的输入信息之间没有联系。在（监督式）训练过程中，外部的正确模型会与神经网络的输出信息作比较，所得的反馈用来调整连接权，到该神经网络对所有训练模型能够正确分类为止（容错率提前已设置）。

从输出层开始，实际输出与期望输出之间的误差用来调整某层神经元与前一层神经元之间的连接权（见图5—7）。对于每个输出神经元，误差根据神经网络输出（Y）与实际输出（Z）之间的差值计算。运用某类非线性函数，这一误差向后传输到神经网络的连接权，以便作出调整（提高或减少）。

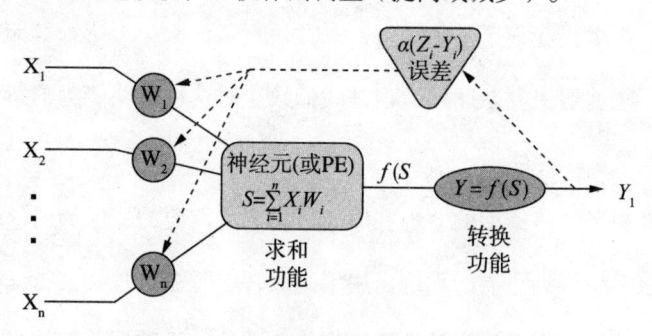

图5—7 神经网络逆向传播学习算法

具体来说，上述学习算法有以下几步：

1. 用随机值初始化连接权重并设置其他参数；

2. 读取输入向量与期望输出；

3. 计算实际输出，层层向前推进；

4. 计算误差;

5. 从输出层往回经隐藏层调整连接权重。

上述程序在输入向量时不断重复,直到期望输出与实际输出之间的误差在容错范围内。由于每个循环都有一定的计算要求,训练一个巨大的神经网络需要花费很长时间。因此,在一个变量情况下会共同运行许多样本并反馈总体误差,以加快学习速度。某些情况下,初始随机权重值与参数设置会使神经网络无法达到满意的执行水准。在这种情况下,需要产生新的随机权重与神经网络参数,甚至神经网络的结构都需要作出相应的调整。

人工神经网络中的灵敏度分析

神经网络作为有效的工具,能够解决不同领域的许多现实问题。虽然在解决许多问题时,人工神经网络优于预测器与聚合辨识器(与传统的类似方式比较),但是在一些应用中,我们还需要了解这一方法做了什么。人工神经网络通常被认为是黑匣子,能够解决复杂问题,但是我们缺少对这种解决能力的解读,这种现象通常称为黑匣子综合征。

能够解释神经网络模型的"内在原理"是非常重要的,因为对这一知识的掌握能够确保该模型得到适当的训练,用于商业智能时能按预期执行任务。了解模型内在的必要性在于相对较少的训练数据集(这是由于数据获取的高成本)与系统误差的高风险。这种应用的一个例子就是汽车中的安全气囊,在这一实例中,不管是数据获取的成本(撞车)还是风险(威胁人类生命)都相当高;另一个例子就是贷款申请处理,如果申请贷款人遭到拒绝,申请者有权知道被拒绝的理由。预测系统能够很好地区分申请者好坏这一点是远远不够的,还要能够为其决策提供充足的论证。

有许多方法可以分析与评估训练的神经网络,这些方法使我们能够更加深刻地理解神经网络的运作原理。具体来说,就是单独的输入信息是如何(在多大程度上)影响输出信息的。在一切有助于解读训练的神经网络的黑匣子性质的方法中,灵敏度分析是最受欢迎的。

灵敏度分析用来提取已训练神经网络模型的输入信息与输出信息之间的因果关系。在分析灵敏度时,已经训练过的神经网络模型是没有学习能力的,因为只有这样才能够确保神经网络的连接权不受影响。灵敏度分析的基本步骤是对于每个输入变量,系统地扰乱神经网络的输入信号(当然,这种干扰是在允许值的范围内),然后记录输出信号相应的变化。如图5—8所示,第一个输入变量在其平均值加减自定义数量的标准差(在类别变量中,会用到所有可能值)范围内波动,其他变量保持不变。神经网络根据自定义步骤计算出输出变量值。每一个输入变量都要重复这一程序,最后会生成报告,总结每个输出变量基于输入变量变化而变化的情况。所生成的报告通常包含一个坐标轴(y轴表示重要性,x轴列举了输入变量)以表示每个输入变量的相对灵敏度/重要性。

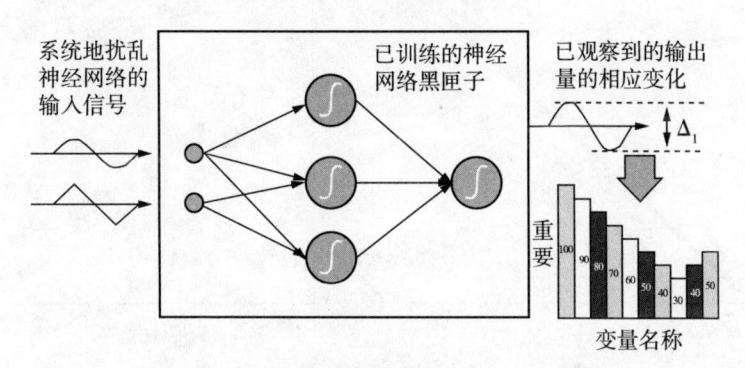

图5—8 神经网络模型的灵敏度分析示意图

支持向量机

近几年来,支持向量机成为了广受欢迎的机器学习技术,这是由于其优越的预测性能与坚实的理论基础。这一监督式学习技术会根据标记的训练数据建立输入向量/输出向量函数,输入向量与输出向量函数可以是分类函数(用于将样本分配到指定类别),也可以是回归函数(用于评估期望输出的连续值)。分类问题通常应用非线性核函数来将输入数据(表示非常复杂的非线性关系)转化到高维特征空间,在这个空间中输入数据呈线性分离状态,然后由建立起的最大间隔超平面来划分训练数据中输出变量的类别。

通常来说,对于给定的分类型预测问题,有许多线性分类方法(超平面)能够将数据分成不同的子集,每个子集表示一个类别(见图5—9a,两个类别分别用圆形与正方形来表示)。但是,只有一个超平面能够最大限度地区分两种类别(见图5—9b,一个超平面与两个最大间隔超平面将两种类别分开)。

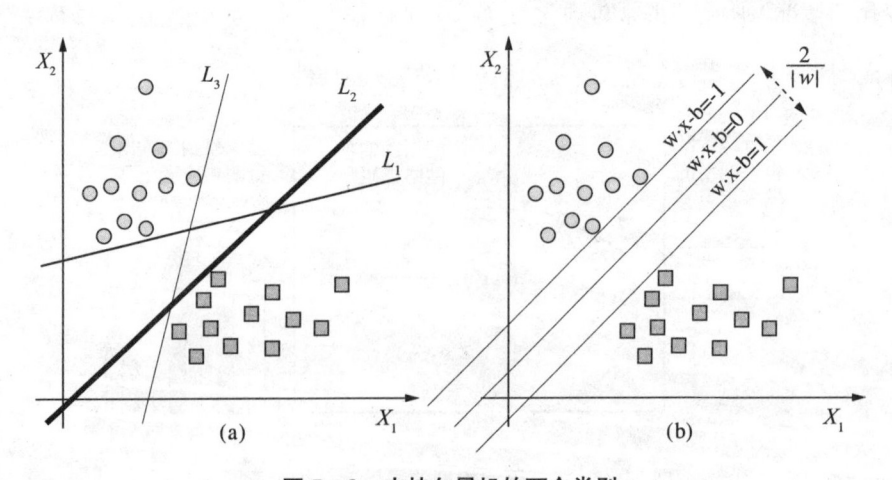

图5—9 支持向量机的两个类别

用于支持向量机中的数据往往超过二维（即两种不同的类别）。在这种情况下，我们会用 n-1 维超平面来划分数据，这里 n 表示维数（即类别个数）。上述是典型的线性分类形式，因为我们要找到 n-1 个超平面，使得超平面与最近的数据点之间的距离达到最大。这里假设这些平行的超平面之间的间隔或距离越大，该分类法的一般化效果越好（即支持向量机的预测能力越好）。这样的超平面在数学上可以用二次规划模型表示，这些超平面称为最大间隔超平面，相应的线性分类法称为最大间隔分类法。

支持向量机除了有坚实的统计学理论支撑，在解决现实预测问题时也表现出优越的性能，广泛应用于医学诊断、生物信息学、脸部/声音识别、需求预测、图像处理与文本分析等领域，使其成为普遍的挖掘信息与数据的分析工具。该技术与人工神经网络相似，可以用于使多元函数更精确化。因此，分析者常常使用这种技术建立模型来解决非线性、复杂的问题、系统与流程。

建立支持向量机模型的流程

近年来，支持向量机（SVM）由于其较高的预测精确度以及良好的自我扩展性而广泛地应用在解决分类问题上。虽然支持向量机比人工神经网络相对容易，但是使用者若不了解其复杂性，就无法很好地解决问题。这一部分将介绍一个简单的流程，用支持向量机建立模型，以更好地解决问题。图 5—10 是三个步骤的图解。

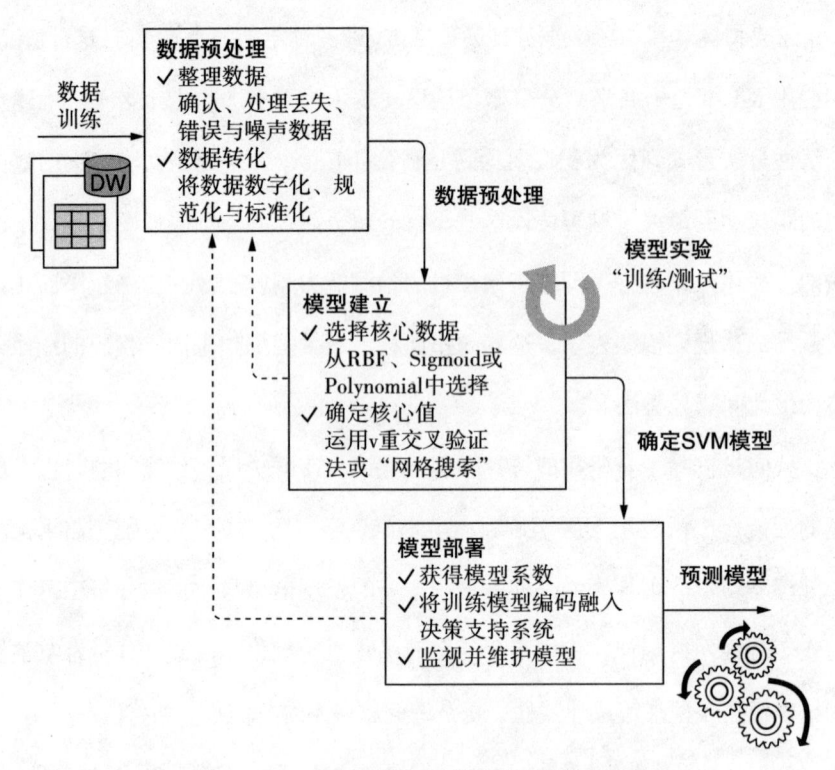

图 5—10　开发与利用 SVM 模型的简单流程

下面是对这三个步骤的简短描述。

步骤 1：数据预处理

由于原始数据不能满足处理要求，数据挖掘分析者需要提前审查并转换数据。跟其他数据挖掘方法与算法一样，这一步骤可能是最耗时、最令人不快的一步，但是最重要的一步。这一步中涉及到的任务有处理遗漏、不完整与噪声数据数值化、规范化数据。

- **数据数字化**。支持向量机要求每个用向量表示的数据是数字。因此，若数据是分类属性，分析者首先要将其转换成数字，这里通常会用 m 个伪二元变量来表示 m 类（这里 $m \geq 3$），而且根据样本的实际分类，m 个变量中只有一个变量值为 1，其他的变量值都为 0，这也称为 1-of-m 表示法。例如，在只有三个类别（红、绿、蓝）样本中，变量值可以表示为 $(0,0,1)$、$(0,1,0)$、$(1,0,0)$。

- **数据规范化**。支持向量机与人工神经网络一样，也需要将数值规范化，其主要作用是避免大数据范围的数值特征支配小数据范围的数值特征，还有一个作用就是在模型建立的循环过程中，有助于进行数值计算。由于核心值由特征向量（线性核函数、多项式核函数）的内积决定，大的属性值会拖慢整个训练过程。解决这一问题通常的做法是将每个属性规范化，使其数值位于 $[-1,+1]$ 或 $[0,1]$。当然，在测试模型之前，分析者必须用同样的规范标准来规范测试数据。

步骤 2：模型建立

数据预处理后就是模型建立。与其他两步相比，因为预测模型马上就会建立起来，这一步显得较为有趣。支持向量机有许多参数可选，这就需要很长的过程来确定参数的最优组合以提高性能。最重要的参数是核参数、与核相关的子参数。

核一共有四种，分析者需要确定使用哪一种（或者四种都用，每次用一种，这里要采用实验设计方法）。选取了核的类型以后，分析者需要确定惩罚参数 C 与核参数的值。通常来说，RBF 是核种类的首选。RBF 函数旨在将数据整合到高维空间，这种核（与线性核不同）主要用在输入向量与输出向量之间的高度非线性关系情况中。而且，线性核只是 RBF 函数的特殊情况。RBF 函数需要两个参数：C 与 γ。一开始，C 与 γ 的最优值是未知的，因此，需要用到某些参数选择方法，通过这些方法来确定 C 与 γ 的最优值，以提高模型预测未知数据（测试数据）

的准确性。交叉验证法与网格搜索法是最常用的两种参数选择方法。

步骤3：模型部署

最优支持向量机模型建立后，就要将其整合到决策支持系统中去。有两种选择：（1）将模型转化为计算机服务（如网页服务、Java Bean 或 COM 服务），输入参数值，得到预测结果；（2）提取建立模型的系数，将其直接整合到决策支持系统中去。只有模型内部整齐划一，该模型才会发挥作用（保证高精确度与高执行力）。因此，不断评估模型性能，确定模型精确度降低的时间并重新训练模型是非常重要的。

支持向量机与人工神经网络

虽然有些人认为支持向量机是人工神经网络的特例，然而，大部分人认为这是两种不同的机器学习技术，具有不同的特点。支持向量机相对于人工神经网络的优势在于：以往人工神经网络的发展模式是启发式的，即基于实际应用与大量实验，而支持向量机的发展有着坚实的统计学习理论支撑，然后才有相应的实践与实验；人工神经网络可能受到局部极小值影响，但是支持向量机的结果是整体并唯一的，这是后者的显著优势。另外，支持向量机还有两个优点，即这种技术几何解析简便、运行结果数量少。在实践中，支持向量机的性能优于人工神经网络，主要是由于前者能够很好地解决过度拟合问题，而后者无法做到。

支持向量机虽然有上述优点，但也存在其局限性。例如，如何选取核函数与相应的参数这一问题，更为重要的是，该模型在训练与测试环节运行的速度与规模也有一定的局限性。用支持向量机建立模型需要进行复杂、耗时的计算。从实践角度来看，支持向量机最严重的问题在于执行大规模任务时，二次规划中算法的高度复杂性与巨大的内存需求。虽然支持向量机存在这些局限性，但是由于其有坚实的理论基础并且运算的结果具有整体性与唯一性（并不像局部极小那样得到次优解），该技术在数据挖掘领域广受欢迎。随着商业数据挖掘工具渐渐将支持向量机这一技术整合到建模过程中，这种技术的应用将更为广泛。

线性回归

回归，特别是线性回归应该是统计学中应用最为广泛的分析法。回归的起源应该追溯到 19 世纪 20 年代与 30 年代弗朗西斯·加尔顿（Francis Galton）与后来的卡尔·皮尔森（Karl Pearson）对甜梨子遗传特性的研究。从那之后，回归成为研究自变量（输入变量）与因变量（输出变量）之间关系的统计方法。

从本质上说，回归是一种相对简单的统计方法，能够建立模型以确定某一变量（反应或输出变量）如何由一个（或多个）表达或输入变量决定的。两种变量之间的关系确定之后，可以由线性/加性函数或等式表示。与其他建模方法一样，回归旨在找到现实中不同变量特征的函数关系，并利用数学模型来描述这种关系，以发掘并理解现实情况的复杂性——探索并解读事件之间的关系或预测未来。

回归有两个用途：假设检验——找出不同变量之间可能的关系，预测——基于一个或多个表达变量估计反应变量的值。这两种应用并不是互相独立的，回归的解释能力也是其预测能力的基础。在假设检验中，回归分析能够揭示不同自变量（通常用 x_i 表示）与因变量（通常用 y 表示）之间关系的存在性，以及这种关系的强度及其表达；在预测中，回归能够确定一个或多个表达变量与反应变量之间的可加性数学关系（等式形式），确定的等式可以用于预测不同表达变量值下反应变量的值。

相关性与回归

由于回归分析源于相关性研究,两种方法都试图描述两个(或多个)变量之间的关系,相关领域研究者经常将两个术语混为一谈。相关性没有先验假设,即假设一个变量由另一个变量决定,而且与不同变量之间的关系无关,而是给出不同变量之间的关联程度。回归则旨在描述反应变量是如何由一个或多个表达变量决定的,它假定从表达变量到反应变量存在单向的因果效应,不管这种效应是直接还是间接的。另外,相关性用于描述两个变量之间的低层次关系,而回归用于描述所有自变量与因变量之间的因果关系。

简单回归与多元回归

回归方程若由一个反应变量与一个表达变量建立起来,那么该回归方程称为简单回归,用于预测与解释人的身高(表达变量)与体重(反应变量)之间关系的回归方程就是一个很好的例子。多元回归是简单回归的延伸,有多个表达变量。例如,在上面的例子中,如果除了身高之外,再增添别的人体特征(例如 BMI、性别、民族等)来预测其体重,就是多元回归。无论是简单回归还是多元回归,自变量与因变量之间的关系都是线性的,并且具有可加性。如果为非线性关系,则需要用到其他非线性回归方法来更好地发掘输入变量与输出变量之间的关系。

如何建立线性回归模型

想要了解两个变量之间的关系,最简单的办法就是画一张散点图,其中 y 轴表示因变量值,x 轴表示自变量值(如图 5—11)。散点图能够说明因变量是如何随着自变量的变化而变化的。如图 5—11 所示，因变量与自变量似乎是正相关，即因变量随自变量的增加而增加。

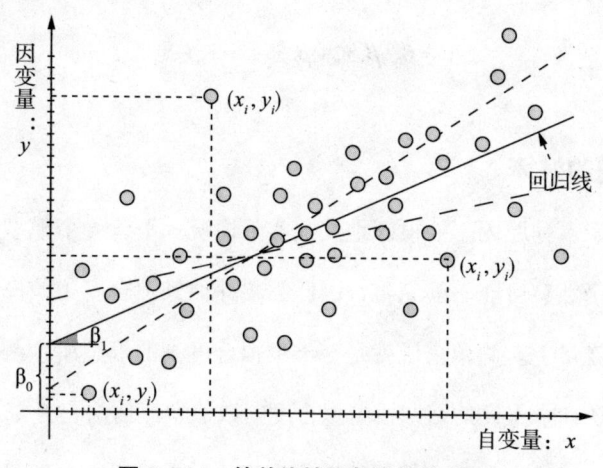

图 5—11　简单线性回归线的散点图

简单回归分析旨在找到变量之间的数学关系，也就是试图找到一条穿过不同点（表示观察或历史数据）的直线，使得点与这条直线的距离达到最小（理论回归直线的预测值）。有许多方法或算法用于确定这条直线，其中应用最广泛的就是最小二乘法（Ordinary Least Squares，OLS）。该方法旨在最小化残差平方和（观察点与回归点之间垂直距离的平方），得到所估计回归直线的数学表达式（称为 β 参数）。简单线性回归中，反应变量（y）与表达变量（x）之间的关系可以表示如下：

$$y = \beta_0 + \beta_1 x$$

在这个方程中，β_0 表示截距，β_1 表示斜率。用最小二乘法决定两个系数值之后，上述方程就可以用来预测某一 x 值下的 y 值。1 的正负号与数值也揭示了两个变量之间的正负相关性与关系强度。

多元线性回归模型中需要确定更多系数，每个系数对应一个表达变量。如下方程式所示，增加的表达变量与 i 相乘并将所有的乘积相加，从而建立起反应变量的线性表达式：

$$y = \beta_0 + \beta_1 x_1 + \beta_2 x_2 + \cdots + \beta_n x_n$$

如何评价模型的好坏

模型会由于多种原因不能很好地反映实际情况。不管一个模型中有多少个自变量，该模型仍然有可能不够完善，因此需要评估其拟合度（该模型在多大程度上代表了反应变量）。简单来说就是，一个拟合度高的模型所预测的数值与观察值是相近的。统计学上评估回归模型拟合度的数值型评估法有 R^2、总体 F 检验与误差均方根，这三种方法都是根据误差平方和（数据与平均值的差以及数据与模型预测值的差）计算的。在比较回归模型与平均模型时，两个值组合不同，会得到不同的结论。

在这三种方法中，R^2 由于其根据直觉衡量，不但作用最大，而且简单易懂。R^2 值在 0 到 1 之间（用百分比表示变化程度），0 表示相关模型的预测能力不好，1 表示相关模型的拟合度最高，预测准确率为 100%（一般是不可能的）。好的 R^2 值一般接近 1，接近程度的高低取决于所建立模型的用途。例如，在社会科学中，线性回归模型的 R^2 若为 0.3 就已经很好了，但是在工程中，R^2 为 0.7 也不是很高的拟合度。要提高回归模型的预测准确性可以通过增加或减少变量以及应用不同的数据转换技术，但是这些方法可能会使得 R^2 值变大。

图 5—12 是建立回归模型的程序。如图所示，建立模型之后要对模型进行评估，模型评估不但包括评估其拟合度，而且由于线性回归模型所必须遵循严格假设，还需要评估其有效性。

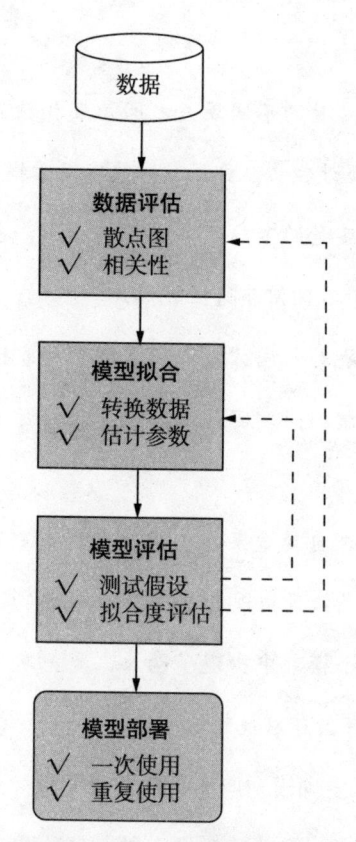

```
                    ┌─────────┐
                    │  数据   │
                    └────┬────┘
                         │
                ┌────────▼────────┐
                │    数据评估     │
                │  ✓ 散点图       │◄────┐
                │  ✓ 相关性       │     │
                └────────┬────────┘     │
                         │              │
                ┌────────▼────────┐     │
                │    模型拟合     │     │
                │  ✓ 转换数据     │◄──┐ │
                │  ✓ 估计参数     │   │ │
                └────────┬────────┘   │ │
                         │            │ │
                ┌────────▼────────┐   │ │
                │    模型评估     │───┘ │
                │  ✓ 测试假设     │─────┘
                │  ✓ 拟合度评估   │
                └────────┬────────┘
                         │
                ┌────────▼────────┐
                │    模型部署     │
                │  ✓ 一次使用     │
                │  ✓ 重复使用     │
                └─────────────────┘
```

图 5—12　建立回归模型的流程图

线性回归中的重要假设

线性回归虽然模型是许多数据分析（解释性模型或预测性模型）的首选方法，但是也受限于非常严格的假设，其有效性取决于其是否能够遵循这些假设。以下是一些常见的假设。

- **线性**。即因变量与自变量之间的关系是线性关系，也就是说，在其他表达变量不变的情况下，因变量的期望值由一个自变量的直线型表达式决定。而且，直线的斜率不是由其他变量决定的。这表明不同自变量对因变量期望值的影响具有可加性。
- **误差独立性**。即因变量的不同误差之间是互相独立的，这种独立性比实际的统计独立性弱，统计独立性更强，一般不用于线性回归分析。
- **误差正态性**。即因变量的不同误差成正态分布，也就是说，这些误差应该是完全随机的，不带有任何非随机的模式。
- **误差方差一致性**。也称为同方差假设，即无论表达变量的值是多少，因变量的误差的方差应该相同。实际情况中，若因变量值变化范围很大，这一假设是无效的。
- **多重共线性**。即要求自变量互相之间没有关系（不同的自变量为模型提供不同的信息）。多重共线性出现在有两个或多个自变量完全相关的情况下（如果相同的变量在一个模型中出现了两次，要把其中一个作转换）。基于变量相互关系的数据评估可以找到这一误差。

有多种统计方法可以发现模型所违背的假设并减少这种情况的发生。在建立模型时，要了解这些假设并且要检验模型，确保其遵循这些假设。

逻辑回归

逻辑回归这一分类算法广受欢迎。它采用监督式学习技术，具有坚实的统计学理论基础，并以概率论为基础。该算法于19世纪40年代作为线性回归与线性判别分析方法的补充而发展起来，并广泛应用于包括医学与社会科学在内的许多学科领域。逻辑回归与线性回归类似，也是旨在利用历史观察数据（训练数据）回归到数学函数，以解释反应变量与表达变量之间的关系。但是该算法与线性回归有一个显著的不同点：其输出变量（反应变量）是一个类别而非数值，也就是说，线性回归用来估计连续数值型变量，而逻辑回归用来将类别变量归类。逻辑回归最初是输出二进制变量（例如 1/0、是/否、通过/未通过、接受/拒绝），现在能够预测多种类别的输出变量（多项式逻辑回归）。若只有一个预测变量与被预测变量，则称为简单的逻辑回归，这与将只有一个独立变量的线性回归模型称为简单线性回归是一样的。

在预测分析法中，逻辑回归模型用于建立一个或多个自变量（或预测）与因变量（或类别，可以是二项或多项变量）之间的概率模型。逻辑回归与普通的线性回归不同，是用来预测因变量的类别（通常是二项）——将因变量看作伯努利（Bernoulli）实验。逻辑回归利用因变量的对数值建立连续标准，作为因变量的转化版本。因此，对数变换在逻辑回归中也称为连接函数。虽然逻辑回归中的因变量是类别或二项的，其对数才是线性回归用到的连续标准。

图 5—13 是逻辑回归函数，x 轴表示可能值（自变量的线性函数），y 轴表示可能的结果（因变量值在 0~1 之间）。

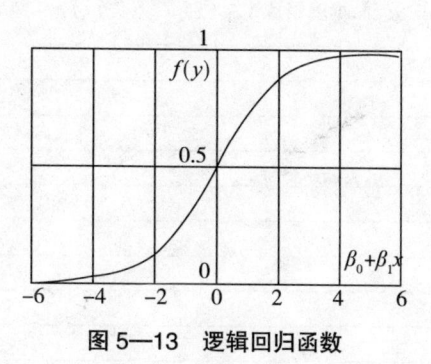

图 5—13 逻辑回归函数

逻辑函数，即图 5—13 的 f(y) 是逻辑回归的核心，其只能在 0~1 间取值。以下方程是该函数的简单数学表达：

$$f(y) = \frac{1}{1+e^{-(\beta_0+\beta_1 x)}}$$

逻辑回归的系数（即不同的 β）通常用最大似然估计法来估计。与线性回归不同，逻辑回归中残差不成正态分布，因而无法找到系数的解析表达式来使概率函数最大化。这里需要进行循环的过程，即先试验一个解，然后稍微调整参数以优化解，这一过程不断重复，直到找不到更好的解或者优化程度很小为止。

时间序列预测

有些情况下，因变量并没有明显的自变量，或者是自变量太多，关系非常复杂。在这种情况下，若获取的数据形式符合要求，可以建立称为时间序列预测模型。一个时间序列是指因变量的一系列数据点，这些点是按连续时间点排列，并且不同点之间时间间隔相同。例如，某一地区的月降雨量、股市指数的收盘价、某一杂货店的日销量，等等。时间序列通常用线形图表示，如图 5—14 所示，以季度为单位从 2008 年—2012 年的销量。

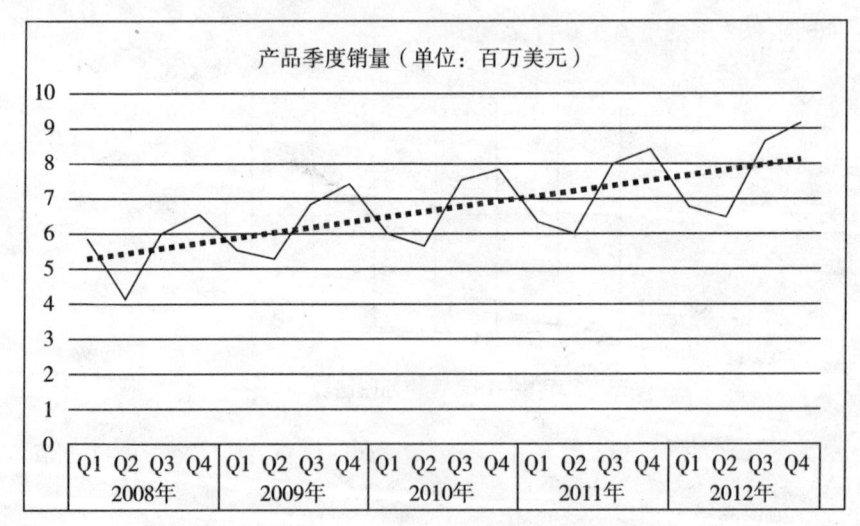

图 5—14 基于季度销量的时间序列数据示例

时间序列预测根据历史观察值，运用数学模型来预测因变量的值。时间序列图与简单的线性回归散点图很相似，也有两个变量，即因变量与时间变量，除此之外，两者再无其他共同点。回归分析通常用于检验理论，以确定一个或多个自变量值是否解释（或预测）了因变量值，而时间序列模型用于推断因变量随时间变化的情况，以此来预测其值。

时间序列预测假设所有的自变量是通过因变量随时间变化情况而整合的，获取因变量的时间特性可以用来预测因变量的值。因此，分析模型可以通过以下三个特征：随机变化、时间趋势与季节周期来体现，如图5—14所示。

建立时间序列模型的方法有易（例如，认为今天的预测与昨天的实践情况一致这一简单预测法）有难（例如，ARIMA这一方法将自回归与数据移动平均模式结合实现预测）。平均法可能是应用较为广泛的，如简单平均数、移动平均数、加权移动平均数与指数平滑法，等等。许多方法也有升级版，将季节性与趋势考虑在内，以提高预测准确性。某一方法的准确度通常通过平均绝对误差法（MAE）、均方误差法（MSE）或者平均绝对误差百分比法（MAPE）计算其误差（历史观察值中实际值与预测值之间的离差）。虽然这些方法都是运用核心误差度量，但是它们分别强调误差的不同方面，有些方法会比其他方法所计算的误差要大。

应用举例：复杂的医疗手段中的数据挖掘

不管是在美国还是世界其他地区，保健越来越成为生活质量的一个重要议题。由于人口老龄化，对保健服务的需求不断增多，但是供给方却不能达到所要求的服务水平与质量。要缩小需求与供给之间的差距，保健系统需要大力提高其运营的有效性与效率。有效性（做正确的事，例如，诊断精确、治疗恰当）与效率（方法得当，例如，使用最少的资源、花费最短的时间）是保健系统得以改善的两大支柱。要改善保健服务，一个有效的方法就是应用预测性建模技术与大量具有显著特征的数据资源（医疗与保健经验反思）来提高决策的精确性、保证决策的及时性。

美国健康协会指出，心血管疾病是导致美国20%人口死亡的重要因素，1900年以来，该疾病每年都被列为最厉害的杀手，但1918年除外，因为这一年爆发了流感。心血管疾病所引起的人口死亡比癌症、慢性呼吸道疾病、意外事故与糖尿病四者引起的人口死亡总数还要多，其中一半以上的死亡是由冠心病引起的。心血管疾病不仅对个人健康与人类幸福造成巨大危害，而且在不断耗尽美国及其他地区的保健资源。据估计，每年由心血管疾病带来的直接与间接成本超过5 000亿美元。冠状动脉旁路移植术是常见的治疗不同心血管疾病的手术，该手术的费用多少取决于病人与医生的个人情况，但是在美国的平均成本在5万美元到10万美元之间。举个例子说明，2012年德伦等人进行了一项分析研究，运用不同的方法建立预测模型来预测冠状动脉旁路移植术的结果，同时对训练模型作了以信息融合为基础的敏感度分析，以更好地理解预后症状的重要性。对大量具有显著特征的数据集进行预测性与解释性分析，能够获得宝贵的信息，以做出更有效的保健决策，这是该研究的主要目的。

研究方法

图5—15是德伦等人建立并实验模型的过程。他们使用了四种不同的预测模型（人工神经网络、支持向量机与两种决策树，分别是C5与CART）并进行了大量实验性运行，以调整模型参数。模型建立以后又将其用于文本数据集。最后，对训练模型进行敏感度分析，来评估变量的有效性。表5—2是四种模型的试验结果。

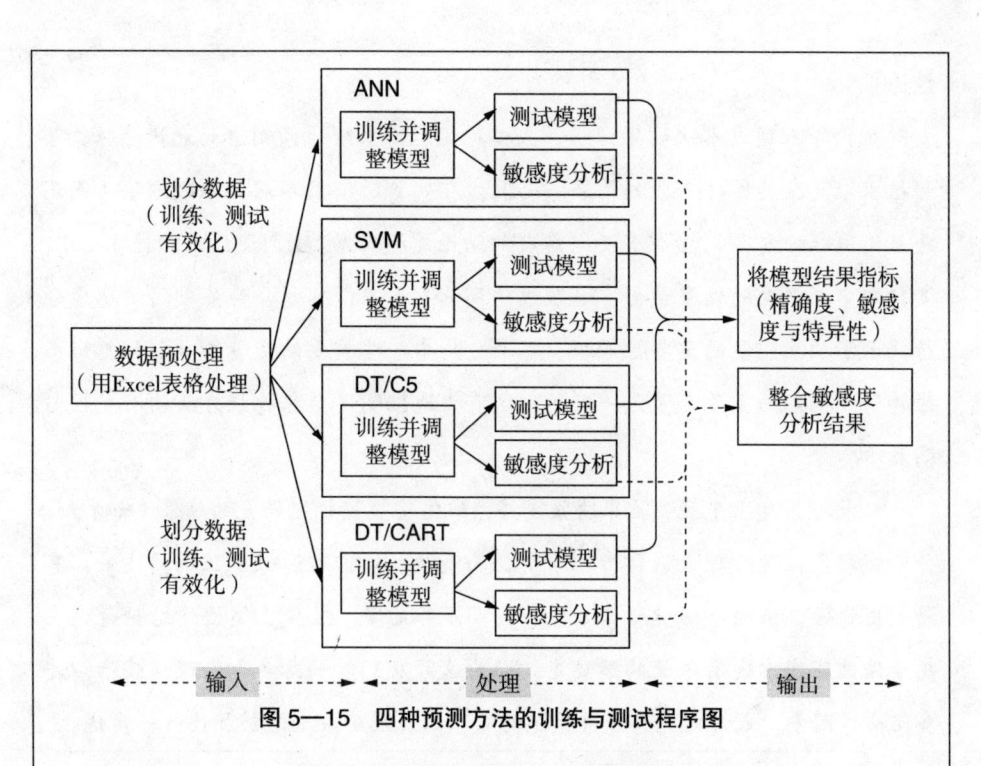

图 5—15　四种预测方法的训练与测试程序图

表 5—2　　　　四种模型基于测试数据集的预测精确性结果

模型类型		混淆矩阵		精确度	敏感度	特异性
		正（1）	负（0）			
ANN	正（1）	749	230	74.72%	76.51%	72.93%
	负（0）	265	714			
SVM	正（1）	876	103	87.74%	89.48%	86.01%
	负（0）	137	842			
C5	正（1）	876	103	79.62%	80.29%	78.96%
	负（0）	137	842			
CART	正（1）	660	319	71.15%	67.42%	74.87%
	负（0）	246	733			

结论

德伦等人通过本次研究证明，数据挖掘能够很好地预测诸如冠状动脉旁路移植术等复杂的医疗手段的结果。而且，在实验时使用不同的预测方法（而不是只使用一种方法），会使预测与解释的结论更尽人意。他们使用的四种方法中，支持向量机产生的结果最好，精确度达到88%。以信息融合为基础的敏感度分析揭示了独立变量的重要性等级，本次分析中一些重要的变量与之前的临床与生物研究确定的重要变量是一致的，这有力地证明了数据挖掘方法的有效性与高效率。

从管理角度上来说，临床决策支持系统借鉴数据挖掘研究的结果（如本例）并不能取代保健经理或医学专业人员，而是帮助他们及时做出正确的决策，有效利用资源，来增加保健服务数量，提高服务质量。要使上述医学结论普遍应用于保健实践中还有很长的路要走。因为这涉及到诸如行为、伦理与政治等许多阻碍性因素，或许对完善保健系统的需求以及政府鼓励能够加快这一步伐。

REAL-WORLD DATA MINING
APPLIED BUSINESS ANALYTICS AND DECISION MAKING

第6章 文本分析和情感分析

我们所处的信息时代以急速增长的数据信息收集、储存和转换成电子格式为特征。大量的商业数据以杂乱无章的文本形式储存。据美林公司（Merrill Lynch）和高德纳公司（Gartner）联合进行的一项调查表明，85%的企业数据或多或少是以无序的方式收集储存的。同时，调查声称这些杂乱无章的数据每18个月增长一倍。当今商界奉行"知识就是力量"，知识来源于数据和信息，若企业能够高效且有效地挖掘文本数据背后的资源，就能够做出更好的决策，从而在商业竞争中抢占有利地位，甩下竞争者。文本分析和文本挖掘由此在今日商业的大背景下被赋予了新的意义。

尽管文本分析和文本挖掘的首要任务都是通过自然语言处理和分析学将杂乱无章的文本数据转化为可执行的信息，两者的定义依然略有差别，尤其是在行业专家的眼中。多数人认为文本分析内涵广泛，包括信息检索（如针对给定关键词的检索和筛选）、信息提取、数据挖掘和网络挖掘。而文本挖掘主要关注从文本数据中发现新的有用信息。

图6—1展示了文本分析与文本挖掘间的关系，同时加入了其他相关的应用领域。图底部方框中的主要学科（房屋的基石）对这些日益流行的应用领域有关键性的影响。

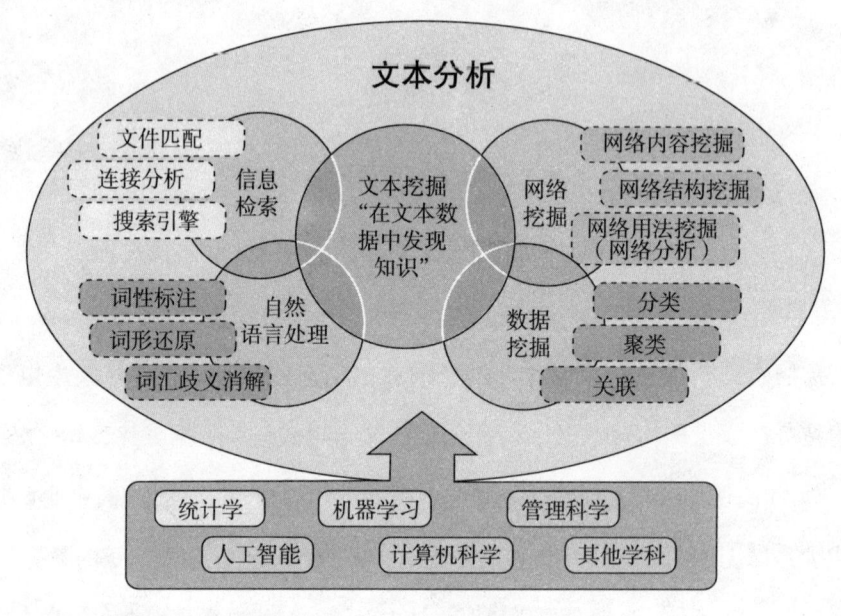

图6—1　文本挖掘与基础学科

相对于文本挖掘来说，文本分析是一个新词汇。随着分析论受到越来越多的关注，一些相关的技术分析领域（比如，消费者分析、竞争分析、可视化分析、社会分析）纷纷搭上了分析论的顺风车。"文本分析"一词常用于商业，"文本挖掘"则多出现在学术研究圈。尽管这些词汇时不时地微调定义，文本分析和文本挖掘常常是作为同义词出现的。

文本挖掘（在文本数据库也称文本数据挖掘或者知识发现）是从大量无结构的数据中提炼出模式（也就是有用的信息和知识）的半自动化处理过程。请注意，数据挖掘是从有结构的数据库中鉴别出有效的、新颖的、可能有用的并最终可理解的模式。在这个有结构的数据库中，分类的、顺序的或者连续型变量构建起记录，数据在这些记录下进行组织。文本挖掘与数据挖掘的共同之处在于它们都为了同样的目标，使用同一处理方式，文本挖掘的不同之处在于流程中"输入"一项是一堆杂乱无章的（或者说是未经整理的）数据文件，比如 Word 文档、PDF、本文文档摘录、XML 文件，等等。从本质上说，文本挖掘可被看作一个有两个主要步骤的流程。首先，将结构应用于基于文本的源数据；其次，从这一有结构的文本数据源中，利用数据挖掘技术和工具提取相关信息和知识。

在大量数据产生的领域，文本挖掘的益处尤为突出。这些领域包括：法律（如法庭颁令）、学术研究（如科研论文）、金融（如季度报告）、医学（如出院摘要）、生物（如分子反应）、科技（如专利文件）和市场营销（如消费者评论）。举例来说，形式自由、以文本方式呈现的顾客互动，如投诉、赞扬或者保修索赔，可以客观地鉴别出未达完美的产品和服务特征，并且可被作为"输入"，通过一系列流程最终改善产品开发和服务分配。同理，这也适用于产生大量数据的市场延伸项目和焦点小组。对产品和服务的反馈格式不加限制，顾客就能够用自己的话表达他们的真实看法。

自动处理非结构化文本对电子邮件和其他电子交流方式领域也有着重大影响。文本挖掘不仅可以分类、过滤垃圾邮件，还可以基于重要程度自动优先发送邮件，也可以设置自动回复。以下是文本挖掘最热门的一些领域。

- **信息提取**。通过模式匹配寻找出文本中先定的物件和序列，文本挖掘能够鉴别文本中主要的短语和关系。最常见的信息提取形式大概就是"实体抽取"。命名实体抽取包括命名实体识别（利用现有对域的知识，进行已知实体名称的识别，包括：人、企业、地点的名字、时间表达式以及某些数值表达式）、指代消解（检测文本实体间的同指代和回指代联系）、关系抽取（鉴别实体间的关系）。

- **话题跟踪**。根据用户浏览的文件记录，文本挖掘可以预测用户可能喜欢的其他文本。
- **总结**。文本挖掘可以为读者总结文本概要，节省阅读时间。
- **分类**。文本挖掘能够发现文档的主题，并归置在预先制定的类别之下。
- **聚类**。文本挖掘可以在没有预先制定的类别时归类相似的文档。
- **概念衔接**。文本挖掘可以鉴别文档的共享概念，从而把相关的文档连接在一起。用户由此可以找到传统搜索方法无法发现的信息。
- **答疑**。通过知识驱动的模式匹配，文本挖掘可以找出问题的最佳答案。

文本挖掘有自己的语言体系，包括多种多样的术语和缩略词。以下是文本挖掘情境中经常会使用到的术语和概念。

- **非结构化数据（相对于结构化数据）**。结构化数据有其预设的格式，常和简单的数据数值（分类的、顺序的或者连续型变量）一同被组织进入记录并储存在数据库。
- **语料库**。在语言学中，语料库是一个大型的结构化文本的集合（现在一般是以电子形式储存和处理），用作知识发现的工具。
- **术语**。术语是由在一个特定域的语料库中，通过自然语言处理提取的单词或者多词短语。
- **概念**。概念是通过人工、统计、规则导向或者多种混合的分类方法，从一系列文档中生成的特征。与术语相比，生成概念需要更高层次的抽象。

- **词干提取**。词干提取是将屈折词简化到词干（或者词根）的处理方式。比如，stemmer, stemming 和 stemmed 都来自 stem。
- **停用词**。停用词（也称为"干扰词"），是在自然语言处理之前或者之后被过滤掉的单词。停用词没有统一的清单，大多数自然语言处理工具将冠词（如 a, am, the, of 等）、助动词（如 is, are, was, were 等）以及只在上下文中有意义，不具有区分价值的词视作停用词。
- **同义词和多义词**。同义词是在句法上不同（也就是拼写不一样），但是意思一致或者至少相似的词语（如 movie, film, motion picture）。相反地，多义词或者称之为"同形（同音）异义词"，是句法上一致（也就是拼写完全相同），但是意义不同（例如，bow 一词可以表示"鞠躬"、"船头"、"弓"以及"蝴蝶结"）。
- **标记化**。标记是句子中已分类的文本块。根据功能的不同，与标记对应的文本块被分门别类，这一与意义相关的过程被称为"标记化"。只要对结构化文本有意义，标记可以是任何形式的。
- **术语词典**。术语词典是一个小而专的领域里的术语集合，可以控制从语料库中提取的字词。
- **词频**。词频就是一个单词在某文本中出现的次数。
- **词性标注**。词性标注就是根据单词的意思和它在上下文的用法标记词性（是名词、动词、形容词还是副词）。
- **形态学**。形态学是语言学的一个分支，是自然语言处理的一部分，它研究的是单词的内部结构（一门语言内部或者跨语言的构词模式）。
- **术语—文本矩阵（也称为发生率矩阵）**。这种矩阵常用来呈现术语和文本间基于频率的关系，以表格的形式表现，行表示术语，列表示文本，术语和文本间的频率以整数形式填在每个格里。

- **奇异值分解（也称为潜在语意索引）**。奇异值分解是一种将术语—文本矩阵转化到可操作大小的降维手段。它利用一种与主成分分析法类似的矩阵控制法来生成中等大小的术语—文本频率表现形式。

自然语言处理

早期文本挖掘应用使用一种称为"词袋"的简化呈现方式将结构套用到文本集合上，随后再将它们归入到两个或两个以上的预设类别，或者聚类进入自然组别。在词袋模型中，诸如句子、段落、完整篇章的文本只是被看作词汇的集合，语法或者单词出现的顺序不考虑在内。词袋模型在一些简单的文本分类工具中仍有使用。举例来说，在垃圾邮件的过滤中，邮件本身被看作是一堆无序的单词集合（即一袋子单词）与两组预设袋子里的单词进行对比。一个袋子里是垃圾邮件中出现的单词，另一个袋子是合法邮件中的单词。虽然有些单词在两个袋子中都会出现，但是"垃圾袋"里的垃圾词汇会更多，比如"股票市场"、"伟哥"、"买"之类。而合法袋子里的单词更多地与用户的朋友或工作地点有关。具体邮件的词袋与包含了描述符的垃圾、合法两个袋子的匹配程度决定了邮件是否应该被列为垃圾邮件。

我们人类按照一定的顺序或结构使用词汇，词汇组成的句子既需要符合句法又需要有语义。因此，自动化技术（比如文本挖掘）需要寻找超越"词袋"的阐释方式，并更多地将语义结构嵌入具体操作中。目前文本挖掘趋向利用自然语言处理发掘先进的技术。

事实证明，词袋法不能为文本挖掘任务提供足够精确的信息（例如分类、聚类和关联等），具体例子可以参考循证医学。循证医学的关键组成部分是将最好的研究发现应用于临床决策过程，这一过程牵涉到评估由印刷媒体收集而来的信息之有效性和相关性。几位来自马里兰大学的研究人员使用词袋法研发了几款证据评估模型。他们综合使用流行的机器学习方法和来自医用文学分析和检索系统的超过 50 万份研究文献。在他们的模型中，每篇文章的摘要就是一袋子词汇，每个词干提取后的单词代表一种特征。即使采用流行的分类方法和实验设计法，基于词袋法的评估模型与纯粹猜测所得的结果差不多，这表明词袋法在这个领域并没有呈现出令人满意的研究结果。因此，我们需要诸如自然语言处理这类相对高级的技术。

自然语言处理是文本挖掘的重要组成部分，同时也是人工智能和计算机语言学的分支。它主要研究如何理解人类的自然语言，企图将人类语言的描述（比如文本文件）转化为更加规范化的表现形式（以数字和符号的形式），以方便计算机程序操作。自然语言处理的目标是超越句法驱动的文本操作（通常被称为"单词计数"），不仅需要考虑语法和语义限制，还需要考虑上下文，并达到对人类自然语言的真正理解和处理。

对"理解"一词意义和范围的界定一直是自然语言处理的一个主要讨论话题。考虑到人类语言的模糊性，要做到真正的"理解"需要了解大量话题以外的知识（单词、句子和段落之外的意思）。那么有朝一日电脑能否像人类一样正确、合理地理解自然语言呢？答案可能是否定的！从简单的单词计数到自然语言处理经历了很长的一段时间，而从自然语言处理到真正理解人类语言恐怕需要走更加漫长的一段路。下面列举一些自然语言处理执行过程中常见的挑战。

- **词性标注**。由于单词的词性不仅取决于定义，而且还需要参考上下文，所以文本中的单词词性标注比较困难（例如名词、动词、形容词或者副词）。
- **文本划分**。一些语言，比如汉语、日语和泰语是不分词连写的。在这些情况下，文本解析就需要确定词与词之间的边界，这对于机器来说无疑是比较困难的。在分析口语的时候，也会遭遇同样的挑战——声音代表了相继的字母，而单词是混杂的。
- **词汇歧义消解**。有的单词可能不止一种意思，要选择其最合适的意思只能依靠分析单词所处的上下文。
- **句法歧义**。自然语言的语法是有歧义的，需要考虑多种可能的句子结构。选择最合适的句子结构需要融合语义和上下文信息。
- **非理想输入/非规则输入**。外国口音、地区方言和口吃等各种因素会影响口语的处理过程，印刷和语法错误则会影响文本的处理。
- **言语行为**。有的句子表达请求的意愿，但可能句子本身无法提供足够的信息确定请求的动作。比如，当问及"你能通过这门课吗"时，只需要回答"能/不能"；问而"你能把盐递给我吗"时，则需要实际行动。

人工智能学者们长久以来梦想开发一种能够自动从文本中读取和获得知识的算法。斯坦福大学自然语言处理实验室的研究人员将一种学习型算法应用于已经做过语法分析的文本，从而开发出能够自动识别文本中概念和概念间关系的技术。这种算法用一种特殊的程序处理大量的文本信息，并自动获取成千上万的知识条目，用这些条目将大大改善"词网"的资源库。词网是一个手动编写的英文词汇数据库，繁琐地记录了单词的定义、同义词以及同义词组间不同的语义关系。词网是自然语言处理应用的主要材料来源，不足的是它需要花费大量的人力物力开发和维护。如果能够自动地将知识导入词网，词网将因此成为自然语言处理更加庞大、更加全面的资源库，而成本则仅为手动处理时代的一小部分。

在客户关系管理中，自然语言处理和词网的效用已经落到实处。大体上来说，客户关系管理的目标是通过更好地理解并有效地回应顾客的实际需要，以最大化消费者价值。客户关系管理的一个重要方面是情感分析，同时也是自然语言处理起重要作用的方面。情感分析利用大量文本数据资源（以网上讨论帖形式呈现的顾客反馈）检测顾客对具体产品和服务的看法。本章后半段会就情感分析进行详细分析。

通过电脑程序，自然语言处理能够自动处理人类的自然语言，并且已经在多个领域成功地完成了各种任务，而这些人物以往只有依靠人类的大脑才能完成。下面列举了一些由自然语言处理完成的任务。

- **答疑**。自然语言处理可以被用作自动回答自然语言提出的问题，即用人类语言回答人类语言提出的问题。为了找到一个合适的答案，电脑程序需要使用预先结构化的数据库或者一些自然语言文件的集合（文本语料库，比如万维网）。
- **自动摘要**。电脑程序可以在保留原文关键点的前提下生成文本的缩略版本。
- **自然语言理解**。系统可以将人类语言样本转化成为更加规范化的表达方式，便于电脑程序进行处理。
- **机器翻译**。系统可以自动将一种语言翻译成另一种语言。
- **外语阅读**。电脑程序可以协助读者阅读外语文本，提供正确的读音和不同的口音。
- **外语写作**。电脑程序可以协助用户用外语进行写作。

- **言语识别**。系统可以将口语转化为机器可以识别的输入，比如将一段语音转化为文本。
- **文字转语音**。电脑程序可以自动将文字转化为人类语音，通常也称为语音合成。
- **文本校对**。电脑程序可以阅读校样文本，找出错误并改正。
- **光符识别**。系统可以自动将手、打字机和印刷产生的文本的图像（也就是扫描后的图像）转化为机器可以编辑的文本文件。

文本挖掘的成功和流行度与自然语言处理的发展和对人类语言的理解密切相关。自然语言处理使得从非结构化的文本中提取特征成为可能，由此，大量数据挖掘技术可以发挥提取知识（新颖且有用的模式和关系）的作用。在此意义上，简单说来，文本挖掘就是结合自然语言处理和数据挖掘。

文本挖掘应用

随着各种机构收集的非结构化数据不断增加，文本挖掘的价值定位和流行度也处于上升阶段。越来越多的机构意识到利用文本挖掘从他们的文本资源库中提取知识的重要性。以下将展示文本挖掘模范式的应用类别中的一小部分。

市场营销应用

通过分析客服中心提供的非结构化数据，文本挖掘可以提高交叉销售和向上销售的业绩。由客服中心接线人员所做的记录整理而成的文本，以及转录的与顾客的对话可以被文本挖掘算法用来提取新颖、可操作的信息，旨在了解消费者对公司产品及服务的看法。此外，博客、产品评价以及网上讨论板块的帖子则是了解顾客情感的金矿。这些丰富的信息资源只要加以恰当的分析就能够被用于提高顾客满意度，延长顾客的整体忠诚度。

文本挖掘同时已经成为消费者关系管理不可或缺的工具。公司用文本挖掘分析丰富的非结构化数据，再联合企业数据库中相关的结构化数据，就可以预测消费者的观念以及后续的购买行为。举例来说，文本挖掘可以有效地提高数学模型的效用，以预测顾客流失率。这样，就能够对那些被列入最有可能流失的顾客及时使用"挽留技巧"来保留。

将产品看作一系列属性值对而不是原子实体，可以潜移默化地提高多种商业应用的有效性，例如，需求预测、分类优化、产品推荐、零售商与生产商间的分类比较，还有产品供应商选取。伽尼（Ghani）使用文本挖掘技术开发了一个系统来推测产品的显性和隐性属性，以加强零售商分析产品数据库的能力。系统以各种属性的形式展现产品，不需要多少人力就能够根据不同属性分配价值。系统通过将监控的和半监控的学习技术应用到零售商网站的产品描述上，以了解这些属性。

安保应用

文本挖掘在安保领域最广泛、最著名的应用要算是高机密的美国 ECHELON 监控系统了。传闻 ECHELON 能够识别电话、传真、邮件和其他各类形式数据的内容，拦截通过卫星、公共交换电话网和其他微波传送的信息。

2007 年，欧洲刑警组织开发了一款综合系统以获取、储存、分析数量庞大的结构化和非结构化的数据源，追踪跨境的有组织犯罪。该系统被命名为"情报支持综合分析系统"（the Overall Analysis System for Intelligence Support，OASIS），旨在整合当今市场上最先进的数据和文本挖掘技术。系统在跨境执法方面大大提高了欧洲刑警组织的效率。

在美国国家安全局的指导下，联邦调查局和中央情报局正联手开发超级计算机数据与文本挖掘系统。该系统旨在构建一个巨型数据仓库以及一批种类多样的数据和文本挖掘模块，并以此为联邦、各州和地方执法机构的知识发现提供支持。在这之前，联邦调查局和中央情报局也拥有各自独立的数据库，但是这些数据库之间基本没有什么关联。

另一个与安保有关的文本挖掘应用实例就是测谎。夫勒（Fuller）将文本挖掘与罪犯（或嫌疑犯）的真实供述相关联，研发出预测模型以区分谎言和实话。模型利用从文本陈述中提取的丰富线索预测不合作样本，准确率高达70%。考虑到线索仅仅来自于文本陈述（没有口头和视觉线索），这样的准确率算得上是有着重大意义的成功。此外，与测谎仪等其他测谎技术相比，这种方法避免了过多的中介物干扰，并且不仅可以用于文本，还可以用于语音录音脚本的可能性。本章末尾将把基于文本的测谎技术作为范例再次进行详细的讨论。

生物医学应用

文本挖掘在众多医学领域和某些生物医学领域有着巨大的应用前景，理由如下：第一，该领域的出版发行文献和出版专营店（特别是随着"开源期刊"的出现）正以指数爆炸的速度增长；第二，与其他形式的文献相比，医学文献更加标准化、有秩序，更便于"挖掘"；最后，医学文献的术语相对统一固定，本体相当地标准化。一些教科书式的经典范例已经成功地利用文本挖掘技术从生物医学文献中提取了新型模式。

实验性技术，比如基因芯片技术分析、基因表达序列分析和质谱蛋白质组学的研究产生了大量与基因、蛋白质相关的数据。正如其他实验性方式，一般来说，在先前已知的生物实体信息情景下分析这些数据是必不可少的。文献资料在验证实验有效性和阐释实验方面意义重大。因此，研发自动文本挖掘工具以协助这类阐释是当今生物信息学研究所面临的主要挑战之一。

清楚细胞中蛋白质的位置有助于阐明蛋白质在生物作用中的角色，并确定它能否作为药物标靶。文献中包含了不计其数的定位预测系统，一些关注具体的生物，另一些则试图分析更大范围内的生物。沙特凯（Shatkay）等人在2007年提出的一个综合系统能够利用几种基于序列和文本的特征来预测蛋白质的位置。该系统的创新点在于它选取文本来源和特征的方式，并能够将这些数据与基于序列的特征整合起来。沙特凯等人在先前的数据组和新的数据组上都测试了系统的预测能力，结果显示，新系统的效果远远地超过了原有系统。

春（Chun）描述了一种能够通过美国医学索引从文献中提取致病基因关系的系统。他们在六个公共数据库的基础上建立了疾病与基因字典，用字典匹配提取候选的关系项。由于字典匹配会产生大量的假阳性结果，春等人又研发了基于机器学习的命名实体识别，以筛选出错误的疾病或基因名称。他们发现这种关系提取的成功与否主要取决于命名实体识别在筛选上的表现，筛选能够提高26.7%的提取准确性，而花费的代价仅仅是查全率上的微小滑坡。

图6—2展示的是在生物医学文献方面寻找基因—蛋白质关系（或蛋白质—蛋白质反应）的一个经简化的多层文本分析过程。纳克维（Nakov）在其2005年的论文中给出的例子选取了生物医学文本中的一个简单句子，如图所示，第一层（三个层次中位于底部的）中的文本用词性标注和浅层次句法分析的方法做了标记。

被标记的术语（词语）接着与本体域的层级代表相匹配（并阐释），产生基因—蛋白质关系。这种方法（以及其他变体）在生物医学文学方面的应用，为解码人类基因组计划的复杂问题提供了巨大的潜力。

对于掌握大型信息数据库的出版商们来说，文本挖掘可以用来产生索引以更好地进行信息检索。在科学性学科中，由于具体信息常包含在书面文本中，这点尤为突出。如《自然》（Nature）杂志提倡的"开放式文本挖掘接口"（Open Text Mining Interface，OTMI）和美国国家卫生研究院的"期刊出版文档类型定义"（Journal Publishing Document Type Definition，DTD）这样的新项目已经开始实施，预期能够为机器提供语义线索，以回答文本中的具体问询而不消除公共通道的出版商壁垒。

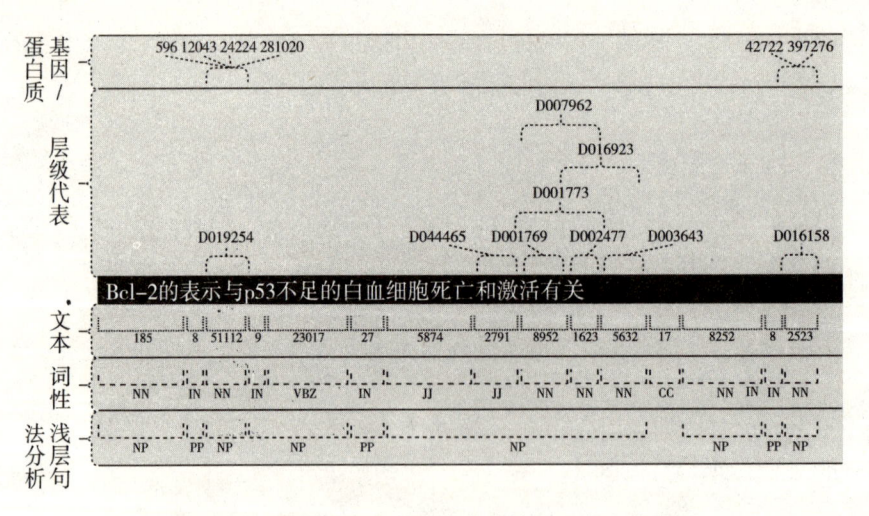

图6—2 基因—蛋白质反应鉴定的多层次文本分析

学术型机构也加入到了文本挖掘计划的行列中。英国曼彻斯特大学和利物浦大学联合成立了文本挖掘国家中心，为学术社区提供定制的文本挖掘工具，研究设备和文本挖掘专业意见。起初，文本挖掘的重点被放在了生物和生物医学上，但逐渐扩大到了社会科学。美国加州伯克利大学的信息学院正在开发一款名为 BioText 的软件以在文本挖掘和分析方面协助生物科学研究者。

文本挖掘的流程

文本挖掘研究只有建立在来源于实践、体系完善的理论基础上，才可能实现成功。我们在第 3 章中提到的跨行业标准化数据挖掘流程是数据挖掘行业的标准；与此相似的是，文本挖掘领域也需要一个标准化的流程模型。虽然跨行业标准化数据挖掘流程中的大部分构件都可以被用于文本挖掘项目，但是我们依然需要一个包含更多复杂数据预处理的、更具体的文本挖掘流程模型。图 6—3 展示的是一个高级别的经典文本挖掘流程环境图。德伦和克洛斯兰德（Crossland）使用图表描述了流程的各个范畴，并将重点放在与大环境的交互界面。从本质上看，这张图通过在具体流程周围划界限，以清楚地展示哪些被包含在文本挖掘流程中，哪些被排除在外。

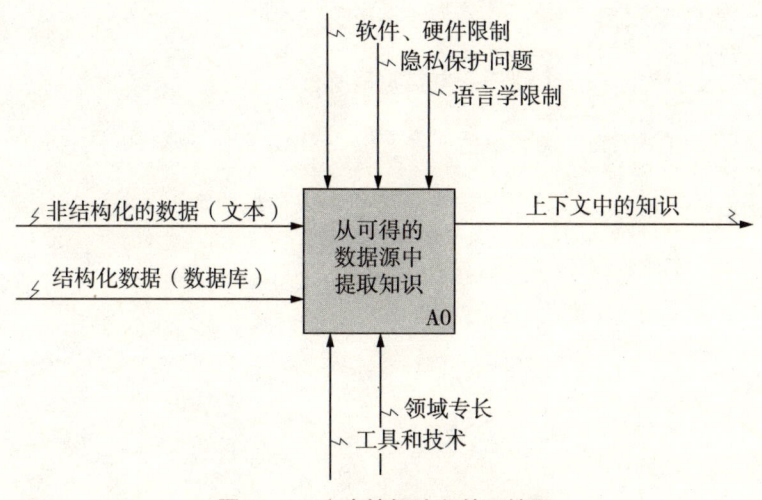

图 6—3　文本挖掘流程的环境图

如图6—3所示，基于文本的知识发现流程（中间方框所代表的）的输入端（方框左边的两个向内箭头代表的）是由非结构化和结构化的数据收集、储存而成，为核心流程提供处理的资料。输出端（方框右边的向外扩展）输出的则是具体上下文情境中的知识，可用于决策。控制变量，也称为约束变量（方框顶部的向内关联），包括软件和硬件限制、隐私保护问题以及处理自然语言文本带来的语言学难题。流程的机制（方框底部的向内关联）包括合适的技术、软件工具和领域专长。文本挖掘的首要目的是处理非结构化数据（如果它们和结构化数据一同出现，与提出的问题相关且可被利用），为更好地做出决策而提取有意义的、可操作的模式。

在高级阶段，文本挖掘流程可被划分为三个统一连贯的分任务，每个任务有自己的输入，产出相应的输出（如图6—4所示）。如果由于某种原因，任务的输出项与预期的并不一致，逆向推导到前一个任务必不可少。

任务1：建立语料库

文本挖掘流程的第一个分任务主要收集所有与被研究文本（也就是兴趣领域）相关的文件。收集的文件类型包括文本文档、XML文件、邮件、网页和简短的注释。除了这些现成的文本数据，语音录音也可以通过语音识别算法转化成文字脚本，加入到文本集合当中。

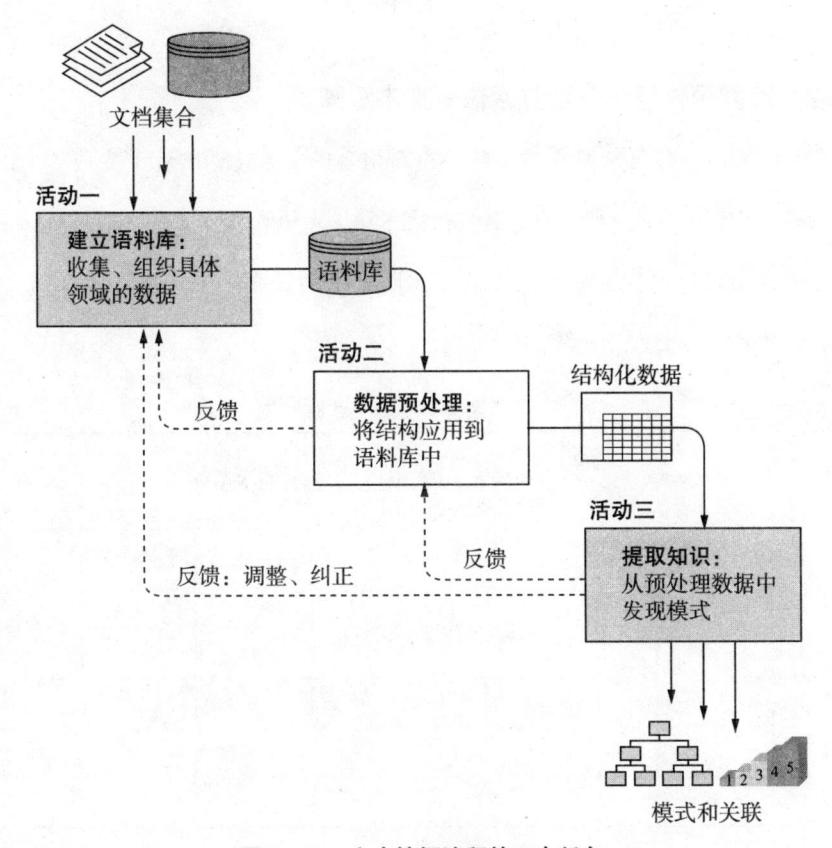

图 6—4　文本挖掘流程的三个任务

收集过程完成之后，所有文本将被转化，重新组织以便统一形式（比如 ASCII 文本文件）交于电脑处理。文档组织的形式多样，简单得就像文件夹里数字化文本片段的集合，也可以是具体领域里各种网页连接的清单。许多用于商业用途的文本挖掘软件将这些文本作为输入项并转化为平面文件供电脑处理。或者，平面文件可作为文本挖掘工具外部的输入端运作。

任务 2：数据预处理——建立术语—文本矩阵

文本挖掘流程任务 2 是将数字化、重新组合的文本（语料库）变成"术语—文本"矩阵。矩阵中，行代表文本，列代表术语，术语和文本间的关系用指标（一种相关的衡量尺度，比如表格中不同文本所出现的频率）来标注。表 6—1 是一个典型的"术语—文本"矩阵。

表 6—1　　　　　　　　　　"术语—文本"矩阵范例

术语＼文本	投资	风险	项目	管理	软件	工程	开发	SAP……
文本 1	1			1				
文本 2		1						
文本 3			3		1			
文本 4		1						
文本 5				2	1			
文本 6	1			1				

任务 2 的目的在于将重新组合完成的文本（语料库）转化为"术语—文本"矩阵，并且在这个"术语—文本"矩阵中，每一个单元格里都要保证是最合适的指标。这样做的理论假设依据是：文本的本质可以用文本中术语的出现频率清单来表示。然而，问题是在描述文本时所有的术语都是重要的吗？答案显然是否定的。像冠词、助动词和一些几乎在所有文档中都出现的单词是不具备区别功能的，因此应该从编辑索引的过程中排除。这些停用词或者干扰词在不同的研究领域是不一样的，因此需要各领域的业内专家来鉴别。从另一方面来说，业内专家也可以事先选出一些停用词作为编辑索引时的考察指标（称为"包含词"或者词典）。

另外，也可以增加一些同义词（电脑会同等对待的词语组）和专有名词（比如"埃菲尔铁塔"）来提高检索条目的精确度。

另一种提高索引条目质量的过滤法是词干提取。词干提取将单词简化到词干，这样不同语法形式或者动词变位后的词将被看作是同一个词来检索。比如，词干提取能保证将 modeling 和 modeled 与 model 等同对待。

第一代"术语—文本"矩阵包含了：语料库中所有的特殊词汇（放置在列），剔除停用词清单中的词汇，所有文本（放置在行），每个词在每个文本中出现频率的计数（放置在单元格）。通常如果语料库包含的文本越多，"术语—文本"矩阵中的术语也会相应地变多。而处理这样庞大的矩阵不仅耗费时间，而且容易提取出有误差的模式。在这种情况下，研究人员必须做出抉择：（1）表达指标的最佳方式是什么？（2）如何将矩阵的维度缩小到可控制的大小？

表达指标的最佳方式是什么

一旦输入文本被索引完成，初始词频（每文档的）计算完成，就能够进行其他一系列的附加处理来总结、统计这些提取出来的信息。粗加工的词频能够大致反映每个单词在文档中的重要程度和显著程度。具体来说，单词出现的频率越高越能充当文档内容的描述符，但也不能绝对地说这些单词计数本身和文档的描述符同等重要。例如，一个单词在 A 文档中出现了 1 次，但在文档 B 中出现了 3 次，我们不可能说这个单词作为 B 文档的描述符比作为 A 文档描述符重要 3 倍。进一步的分析需要一个更加统一的"术语—文本"矩阵，因此，这些粗指标需要被标准化。与呈现实际词频相反，术语与文本间的数字性呈现可以通过很多办法实现标准化，以下我们列举了一些最常用的标准化方式。

- **对数频率**。粗频率可以用对数函数转化。对数函数可以使粗频率具有黏性,从而抑制它们对后续分析的影响。

- **二进制频率**。将粗频率化为二进制,不仅比化为对数简单,而且能够枚举某个单词是否出现在了文档中。转化后的"术语—文本"矩阵只有1和0两种数字,分别代表每个词的出现和缺位。和对数函数化一样,这种变化也抑制了粗频率对后续电脑分析的影响。

- **逆向文档频率**。不同术语的"相对文本频率"与用于进一步分析相关的指标也有关联。举例来说,像"guess"这样的词经常出现在各类文档中,而"software"出现的频率就要低得多。原因是不管文档的主题是什么,"guess"一词都可能被用到,而"software"的语义特征更明显,只可能出现在与电脑软件有关的文档中。逆向文档频率则是一种常见的转化手段,它既能够反映单词的具体性(即文档频率),又能够反映单词整体出现的频率(即词频)。

如何将矩阵的维度缩小到可控制的大小

由于大部分单元格里是"0","术语—文本"矩阵常常显得既庞大又稀疏。因此,"如何将矩阵的维度缩小到可控制的大小"就成为了一个重要问题。控制矩阵的大小有以下几种办法可供选择:

- 依靠各个领域的业内专家浏览术语清单并剔除对研究文档没有多大意义的单词。这种方法需要人工操作,费时费力;
- 直接删除在所有文档中出现频率都极低的单词;
- 用奇异值分解转化文档。

奇异值分解与主成分分析法密切相关，它能够将输入矩阵（由输入文档数和提取术语数组成）的整体维数压缩到一个更低的维数。在那里，每个相继的维度能够代表（单词和文档间的）最大限度的可变性。比较理想的是分析师能鉴别对单词和文本间可变性（即差别）影响最大的两三个维度，由此找出组织单词和文本的潜在语义空间。这些维度一旦被发现，文档中包含（讨论或者描述）的隐藏含义也就提取出来了。

任务3：提取知识

结构精细的"术语—文本"矩阵加上其他结构化数据以扩大容量，就能够在有待解答的文本中提取出新的模式。知识提取的方法主要有分类、聚类、关联和趋势分析等。下面我们将简单介绍这几种方法。

分类

可以说"分类"的具体对象是分析复杂数据源中最常见的知识发现方法。分类就是将给定的数据样本按照事先定好的类群归类。应用于文本挖掘后，任务就变成了"文本分类"。任务常包含一组给定的类群（科目、主题、概念）、一组文本集合以及一个由用作训练的数据集开发的模型（模型包含文本和实际的文本类群），目的就是用模型找出每个文本的正确主题（科目、概念）。如今自动文本分类被用于各种情境之下。例如，自动或半自动化（交互式的）的文本索引，垃圾邮件过滤，层级式目录下的网页分类，元数据自动生成和风格检测。

聚类

聚类是指对象被分类进入称为"群集"的"自然"组的不加监控过程。在分类中，人们用预筛选过的训练样本集合开发出基于类群描述性特征的模型，以此将未加分类的样本分类。而聚类则是在没有先验知识的情况下，将有待分类的对象（如，文本、顾客评论、网页内容）划分成有意义的群集。

聚类的应用范围广泛，效果尚佳，在文本检索和网页内容搜索中都有应用，实际上，大型文本集合的分析和导航（比如网页）是聚类最显著的应用领域之一。聚类法潜在的设想是相关文件之间的相似性比与不相关文件之间的要大。如果这种假设能够站得住脚，基于内容相似性的文档聚类就能够大大地改善搜索的有效性。

关联

在第 4 章中已经讨论了"关联"的正式定义和详细的内涵描述。生成关联法则主要基于"鉴别经常一同出现的组合"的设想。在文本挖掘中，关联特指概念（术语）间或者概念组间的直接关系。概念组关联法则与两组频繁概念组 A、C 相关，并可被两种基本衡量标准——支持度和置信度所量化。在这里，置信度表示在所有包含 C 文本概念的文档中，同时包含所有 A 文本概念的比率。支持度则是包含 A 和 C 中所有概念的文本的比率（或者数字）。打个比方，在一个文档集合中，概念"软件实施失败"与"企业资源规划"和"客户关系管理"一同出现的概率最大，关键支持度是 4%，置信度为 55%。也就是说，4% 的文档在同一文档中同时包含了这三个概念，而包含"软件安装失败"的文档中有 55% 的文档也出现了"企业资源规划"和"顾客关系管理"。利用关联法的文本挖掘曾被用于分析出版文献（新闻、网络上的学术文章）以记录禽流感的爆发和扩散过程。其中的设想是自动鉴别地理区域、物种间传播和应对措施（治疗）之间的关联。

趋势分析

近几年来的文本挖掘趋势分析一直建立在这样的基础上，即各种形式的概念分配只是文本收集作用的结果。也就是说，即使是同一组概念，文本收集方法不同产生的概念分配就不同。因此，比较两组除了来源不同，其他都一致的分配就成为了可能。这种分析类型的一个著名研究方向就是从相同源头（比如，从同一组学术期刊中）、不同时间点取两组集合。在德伦和克洛斯兰德所做的一项研究中，将趋势分析应用于来自三份评价最高的学术期刊中的多篇学术文章，以此观察信息系统领域关键概念的演化过程。以下是一份文本挖掘应用的描述案例。

应用案例：研究文献的文本挖掘

研究人员搜索、回顾相关文献逐渐成为一项越来越复杂、越来越庞杂的工作。为了不断扩充相关知识的储备，他们不得不长年累月地收集、重组、分析、消化文献——尤其是自己专业学科的——中现有的信息。随着相关领域中"潜在重要"的研究不断被报道，甚至一些传统意义上不相关领域的研究也争先出炉，如果每项研究都不能放过，那么研究人员的任务看上去就遥遥无期了。

研究出现各类新分支，研究人员的任务也变得更加冗杂而复杂。试图找出他人研究中出现过的相关报道最轻松的状态只能被称作"困难"，如果用传统方法就几近"不可能"，因为这一过程需要人工浏览大量的出版文献。即便你有一个军团的乐于奉献的研究生和能帮到忙的同事，要覆盖所有潜在相关的出版物还是一件令人头疼的事情。

每年，各地要举办各种学术会议。除了扩大回忆当前关注点的知识范畴以外，组织者也提供额外的小型追踪反馈和工作坊。通常这些额外事件是为了让与会者接触相关研究领域的重要支流，并试图找出研究倾向和重点中的"下一个大课题"。挑选这些小型追踪反馈和工作坊的候选讨论主题是一件很主观的事情，因为这些主题并不是从现有和新兴研究中推断而来。

德伦和克洛斯兰德在他们的研究中提出了一个能够显著改善研究人员投入产出比的方法。他们利用文本挖掘技术使半自动化分析大量出版文献成为可能。在标准数字图书馆和在线出版物搜索引擎的帮助下，作者下载并收集了管理信息系统领域三大主流期刊《MIS季刊》（*MIS Quarterly*）、《信息系统研究》（*Information Systems Research*）以及《管理信息系统期刊》（*Journal of Management Information Systems*）所有可以获得的文章。为了保持三种期刊相同的时间间隔（供可能会出现的纵向比较研究用），最先出现电子出版的期刊的第一份刊物时间成为了这项研究的起始时间（也就是《管理信息系统期刊》首次出版电子版的1994年）。德伦和克洛斯兰德提取了每篇文章的标题、摘要、作者名单、出版关键词、卷号、发行号以及出版年份，再将所有文档数据导入一个简易的数据库。这个综合性的数据组里还包括一栏标注了每篇文章的期刊类型以便进行判别分析，但编辑信息、研究注释、高层报告这些内容不包含在内。图6—5呈现了这些数据是怎样被编辑在一个表格中的。

	A	B	C	D
1	ID	YEAR	JOURNAL	ABSTRACT
2	PID001	2005	MISQ	The need for continual value innovation is driving supply chain
3	PID002	1999	ISR	Although much contemporary thought considers advanced inf
4	PID003	2001	JMIS	When producers of goods (or services) are confronted by a sit
5	PID004	1995	ISR	Preservation of organizational memory becomes increasingly
6	PID005	1994	ISR	The research reported here is an adaptation of a model develo
7	PID006	1995	MISQ	This study evaluates the extent to which the added value to c
8	PID007	2003	MISQ	This paper reports the results(-) of a field-study of six medical
9	PID008	1999	JMIS	Researchers and managers are beginning to realize that the fu
10	PID009	2000	JMIS	The Internet commerce technologies have significantly reduce
11	PID010	1997	ISR	Adaptive Structuration Theory (AST) is rapidly becoming an inf
12	PID011	1995	JMIS	Research shows that group support systems (GSS) have drama
13	PID012	2000	MISQ	Increasingly, business leaders are demanding that IT play the r
14	PID013	2001	ISR	Alignment between business strategy and IS strategy is widely
15	PID014	1999	JMIS	A framework is outlined that includes the planning of and sett

图6—5　文本数据组样本

在分析阶段，德伦和克洛斯兰德只使用文章的摘要作为信息提取的来源。

他们没有选择包含出版关键词的原因主要有两点：（1）在正常情况下，摘要已经包含了关键词，因此再将关键词包含在内分析将导致相同信息的重复，潜在地夸大了这些数据的重要性；（2）作者可能仅仅想通过关键词将自己的文章与某些主题关联起来（这些主题可能根本与文章内容无关），因而将不可测量的偏差带入到对内容的分析上。

从纵向角度考察这三种期刊（也就是考察研究主题的历时演变）是第一个探索性的研究。德伦和克洛斯兰德将这三种期刊的十二年发行期（1994年—2005年）划分为四个三年时期，这种框架生成了十二组文本挖掘实验，每组实验包含十二个互不相关的数据组。这时，他们用文本挖掘提取这些由摘要作为代表的文章集合中最具有描述能力的词汇。之后的结果被列成表格，并考察出版物中单词随时间变化的特征。

第二个探索性的研究是用完整的数据组（包含三种期刊的四个时期）做聚合分析。聚类一直是最常用的文本挖掘技术，在这项研究中被用来发现文章的自然分组（将文章放入独立的群集），然后列出最能够描述这些群集的术语。他们再继续用奇异值分解缩小"术语—文本"矩阵的维数，利用最大化期望值算法创造新的群集。经过多次实验之后，他们得出群集的最优数量——9。建立9个群集之后，德伦和克洛斯兰德从两个方面分析了这些群集的内容：（1）期刊类型的代表（见图6—6）；（2）时间的代表（见图6—7）。这么做主要是为了探索三种期刊之间可能存在差别和（或者）相同点，以及这些群居中可能出现的重点转移变化。换句话说，他们希望能够回答诸如"有没有群集是代表同一期刊的不同研究主题的"或者"这些群集有没有随时间变化的特征"的问题。德伦和克洛斯兰德用表格和图形展现他们的研究成果，发现并讨论了几种有趣的模式。

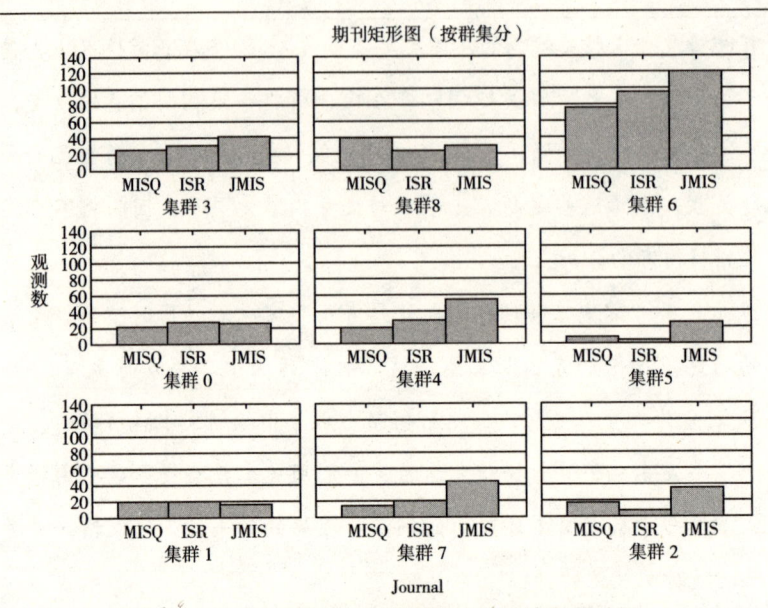

图 6—6　每种期刊在 9 种群集中的文章数量分配

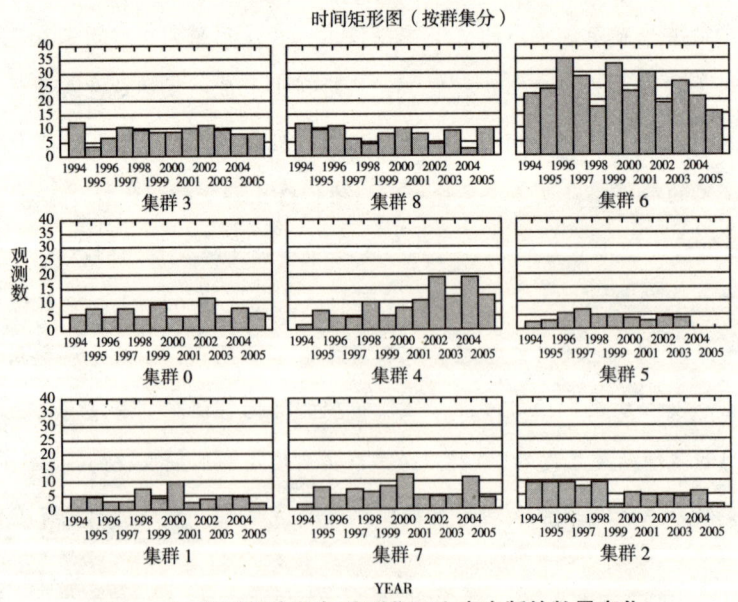

图 6—7　随时间变化每种群集下文章出版的数量变化

（来源：德伦和克洛斯兰德，2008）

文本挖掘工具

随着越来越多的企业认识到文本挖掘的价值,各种付费的和免费的软件工具如雨后春笋般地不断出现。在这个部分中,我们将按照商用软件和免费(开源)软件来分类介绍一些流行的文本挖掘工具。

商用软件工具

以下是几种最流行的文本挖掘工具,很多软件公司都会在他们的官网上放上产品的演示版本。

- ClearForest 提供文本分析和可视化工具。
- IBM 提供 SPSS Modeler 和 Text Analytics Toolkit。
- Megaputer Text Analyst 为自由形式文本、摘要、群集、导览和自然语言检索提供搜索能力的重新聚焦和语义分析。
- SAS Text Miner 提供全套文本处理和分析工具。
- KXEN Text Coder 是一款文本分析解决方案软件。它可以自动准备、转化非结构化文本变量,使之变成适合 KXEN Analytic Framework 处理的结构化呈现。
- The Statistica Text Mining 引擎提供操作简便、兼有独一无二的可视化能力的文本挖掘工具。
- VantagePoint 提供种类繁多的交互式图形化视图和分析工具,从文本数据库中发现知识的功能比较强大。

- Provalis Research 的 The WordStat 分析模型主要分析文本信息，比如对开放问题的回答和面试记录。
- Clarabridge 文本挖掘软件为消费者体验专家们提供的"终端到终端"解决方案，使他们能将消费者反馈转换成市场、服务、产品方面的提升基础。

免费软件工具

在一些非营利性机构那里，你可以得到免费的文本挖掘软件，有些是开源的。

- RapidMiner 的用户界面极具图形美，是最流行的一款开放源数据挖掘和文本挖掘软件。
- Open Calais 是一款开放源的工具包，可以将语义功能纳入你的博客、内容管理系统、网页或者应用里。
- GATE 是文本挖掘领域较为领先的开放源工具包。它包含一个免费的开放源框架和图形开放环境。
- LingPipe 是一款进行人类语言语言学分析的 Java 程序库。
- S-EM（Spy-EM）是基于学习正向的和未经标记的案例而进行文本分类的系统。
- Vivisimo/Clusty 是一个网页搜索和文本聚类引擎。

综合使用集中文本挖掘软件也许能够研发出新的应用。

情感分析

人是社会动物，我们每个人都是利用各种方式交换思想的专家。在做投资决策之前，我们会咨询金融论坛；在尝试一家新餐馆或者看新上映的电影前，我们会问问朋友的意见；而在购买大宗商品，比如房子、汽车、电器之前，我们会上网做功课，参考买家的评论和专家的意见。为了做出更好的决策，我们常常会询问别人的意见，尤其是在那些我们不擅长或者没什么经验的领域。互联网上的意见资源越来越丰富，获取也越来越便利，社交媒体（Twitter、Facebook）、在线评论网站和一些个人博客为我们提供了大量可参考的意见，找到其他人（成千上万的）的意见从来没有这么简单过。不论你想知道最新的电子产品信息还是政治公众人物的动态，你都可以在网络上找到答案。即使不是每个人都选择在网络上表达自己的意见，依靠社交渠道的迅猛增加和发展，数字还是呈现出指数增长。

"情感"是一个难以精确界定的词汇。它经常和其他词汇相联系或者相混淆，例如，信念、观点、意见和信服。"情感"是一种反映个人感受的微妙意见。"情感"有一些将自身与其他概念区别开来的特殊属性，在文本中我们需要依此鉴别它。我们常用的办法是按话题将文本分类，这需要整个主题分类学的参与。而情感分类通常只有两种（正—负），加上这两极间的度量（如电影的星级评定），或者是意见度量。这些类别横跨多种主题、用户和文档。看上去情感分类只需要分出几个类别，与标准文本分析相比简单得多，但实际上却恰恰相反。

情感分析作为一项研究领域与计算机语言学、自然语言处理和文本挖掘息息相关。它还有各种各样的名字，我们在讨论"意见挖掘"、"主观性分析"和"评价性提取"时，就是在说"情感分析"，"情感计算"（用计算机识别、表达情感）也与它相关。情感分析是对文本中的意见、感受和主观性的自动提取，它的突然流行给个人和公司带来了机遇和威胁，接受并学会利用它的主体将会从中大大获益。放到网上的任何意见信息，不管是来自个人还是公司，都会最终被挖出源头（好的或者坏的），被其他人检索、挖掘（一般是由电脑程序自动完成）。

情感分析要回答"人们对某一问题感受如何"的问题，为此要用各种自动工具挖掘庞大的意见库。整合了商界、计算机科学、计算机语言学、数据挖掘、文本挖掘、心理学，甚至社会学的研究人员和从业者，情感分析旨在将传统基于事实的文本分析扩大到新的领域，实现意见导向的信息系统。在商业情境下，尤其是在市场营销、消费者关系管理中，情感分析希冀利用大量文本数据资源（例如网站帖子上的消费者反馈、Twitter 和博客等）检测具体产品和（或）具体服务的赞成或反对意见。

　　文本中的情感有两种形式：显性情感指的是文本直接表达某种意见（比如，"真是美好的一天！"）；隐性情感不明说，而是间接地表达（比如，"把手一下就坏了"）。情感分析的早期工作重点在显性情感上，因为它相对来说比较容易分析。当前的趋势是分析显性、隐性两种情感。情感极性作为情感分析的基本关注点，是一种文本的特殊特征，它通常被二分为"正—负"两种极性，但是"极性"有时也可能代表了一个范围。带有多种意见的陈述文本整体上体现出混合极性，而不是没有极性（也就是"客观"）。

情感分析应用

　　传统情感分析手段建立在调查的基础上偏重焦点小组，其时间和各项成本都较高，因此样本范围很小。相比之下，基于文本分析的情感分析打破了这种限制。自然语言处理和数据挖掘科技可以处理客观信息和主观信息，在这两种方法的协助下，当前解决方案能够实现大型的数据收集、过滤、分类和聚合自动化。情感分析也许是文本分析最受欢迎的应用，由此人们可以打入各种数据源的内部，比如 Twitter、Facebook、在线社区、论坛、博客、产品评论、客服中心日志和语音记录、产品评分网站、聊天室、比价终端、搜索引擎日志和新闻组。下面的部分我们将讨论情感分析的应用，来展示这种技术的强大功能和广泛影响。

顾客之声

顾客之声是分析型客户关系管理和顾客体验管理系统的有机组成部分。情感分析是顾客之声的驱动力，在获取公司产品和服务反馈（持续获取或者周期性获取）后，它可以更好地理解和管理顾客投诉或者感谢。例如，一家电影广告商（或者市场营销公司）也许会在新电影上映之前调研观众对预告片的消极情感，然后迅速地调整预告片和推广战略（在所有的媒体上）以减轻可能出现的消极影响。同样地，软件公司可以通过情感分析发现新产品的漏洞信息，尽早提供相应的补丁以进行弥补，避免造成更大的负面影响。

顾客之声的关注点一般是个体顾客及其有关服务和其他产品支持的需要、需求等事宜。顾客之声从所有的顾客接触点中收集数据，这些数据点包括：邮件、问卷调查、客服中心记录和录音以及社交媒体帖子，接着顾客之声将顾客的语音与脚本（如问询记录、购买记录、退货记录）、企业运营系统中的顾客资料进行匹配。顾客之声主要依靠情感分析发挥作用，是顾客体验管理的核心要素，而顾客体验管理最终是为了建立与顾客长久而紧密的联系。

市场之声

市场之声用来分析总体意见和趋势，了解利益相关者——顾客、潜在顾客、影响者等任何人——如何讨论你的产品服务和你对手的产品服务。做得好的市场之声分析能够提高公司的竞争力，改善产品开发和定位。

员工之声

传统的员工之声仅限于员工满意度调查。普遍使用文本分析，有针对地使用情感分析是评估员工之声的巨大推动力。从大量意见鲜明的文本数据中，我们可以有效快速地知道员工有什么想法。众所周知，积极快乐的员工能够感染顾客，从而提高顾客满意度。

品牌管理

品牌管理关注聆听社交媒体的声音，通过社交媒体，每个人（比如，曾经的/现在的/潜在的顾客、行业专家和其他权威）都可以发表自己的看法，企业可能因此声名鹊起或者名誉扫地。一些相对来说比较新兴的公司都提供基于分析的品牌管理服务。品牌管理的重点是产品和公司而不是顾客，利用情感分析是为了试图塑造顾客的理解而不是管理他们的体验。

金融市场

预测单只股票（或者一组股票）的未来走势一直是吸引人却看似不可解决的问题。推动股票上升下降的动力多种多样，但绝不是科学。很多人说股票市场是最感性的，从来不是理性的（尤其是短期的股票浮动）。所以，情感分析成为了金融市场的新宠。从社交媒体、新闻、博客和讨论组中自动分析市场情感看起来是计算市场波动的正确途径。如果操作正确，情感分析能够鉴别基于市场传闻的短期股票走向，潜移默化地影响资产流动性和交易。

政治

意见在政治中扮演着至关重要的角色。政治讨论充满了对个人、组织、思想的各种引用、讽刺和复杂指责，对情感分析而言，这是一个既有挑战又收获颇丰的领域。分析选举论坛上的情感趋向就有可能预测谁更可能成为当选者。情感分析帮助我们了解选民在想什么，搞清楚候选人在一些议题上的立场。政治组织、政治运动机构和新闻分析师由此可以更好地了解哪些议题、哪些立场选民最关心。在 2008 年和 2012 年的美国总统竞选中，竞争双方都成功地利用了情感分析技术。

政府情报

政府情报是情感分析的另一个用武之地。例如，有人提出敌对或者消极交流中的信息源是可以监控的。情感分析可以自动处理分析人们提交的关于待定政策或政府管理提案的意见。此外，如果能够监控到消极情感信息突然增加，这可以为国家安全局所用。

其他有趣的应用领域

分析顾客的情感可以帮助优化电商的网络页面（比如，产品推荐、向上销售／交叉销售广告的信息），将广告放在更有利的位置（比如，考虑正在浏览页面的顾客的心理，摆放产品服务的动态广告），挖掘意见导向或者评论导向的搜索引擎（即意见集成网站，作为如 Epinions 这类网站的替代品，其作用是总结概括用户评论）。情感分析还能够辅助邮件过滤，将收到的邮件分类并划分优先级（比如，检测极具负面性或充满愤怒的邮件，放入合适的文件夹），还可以进行引用分析，确定作者引用某文是为了反驳引文还是作为自己论文的支持性证据。

情感分析流程

由于情感分析问题较为复杂（如隐含概念、文本的表达以及文本所处的上下文），目前还没有现成的标准化流程。但是根据情感分析领域现有的出版研究（研究方向包括研究方法和应用范围），如图 6—8 所示的简单多步骤逻辑性流程，可以作为情感分析的合理操作方法。这些逻辑步骤本质上是重复的、实验性的（即反馈、更正和重复是探索发现的过程之一），但是完成、整合之后就可以产出对文本集合中各种意见的满意见解。

步骤1：情感检测

完成文本文档的检索和准备之后，情感分析的第一项主要任务就是客观性检测。这一步骤区分事实和意见，并依此作为将文本划分为主观文本和客观文本的依据，也可以被称作"O-S极性计算"（可以用0～1之间的数值表达）。如果客观性数值接近1，那么没有意见需要挖掘（也就是只有事实），这时就返回抓取下一个数据分析。通常，意见检测基于文本中的形容词检测。比如，"多好的一件作品"就可以简单通过其中的形容词确定该归类为客观还是主观。

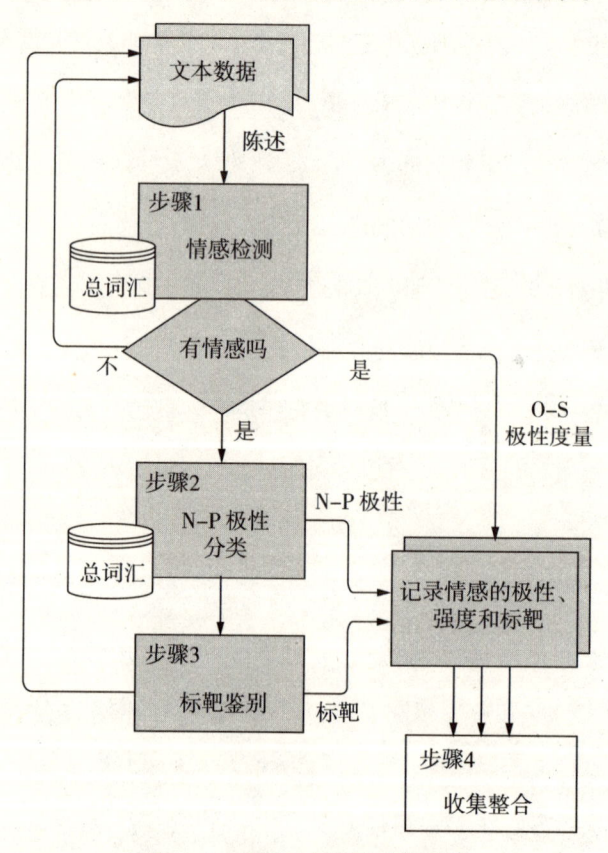

图6—8 情感分析的多步骤流程

步骤：2：N-P极性分类

第二个主要任务就是极性分类。极性分类的目的在于将意见鲜明的文本划分到两个极性中或者两极性中间的一个区域。如果将极性分类看作是一个二进制的过程，那么它就是将意见文档标记为完全的正意见或者完全的负意见（比如，拇指朝上或者拇指朝下）。除了鉴别N-P极性外，我们还需要关注情感的强度。情感并不只是"正面"这么简单，也许还可以划分为"低度正面"、"中度正面"、"高度正面"以及"强烈正面"等。许多针对产品或者影评的研究已经做到了精细定义"正面"和"负面"。但其他分类任务，比如将新闻分为"好新闻"和"坏新闻"就有点困难了。一篇报道可能是负面的，但是文中没有明确地出现一个主观的负面词汇，而且如果文章既包含正面情感又包含负面情感，那么分类也既是正面的又是负面的。这时任务就变成了鉴别文档中的主要（或者占主导地位的）情感。对篇幅较长的文章，分类需要循序渐进：术语、短语、句子，可能还要涉及文档层面。在进行这种分析时，一般利用低层的输出作为下一个高层的输入。

步骤3：标靶鉴别

本步骤的目的在于精确鉴别情感的标靶（如人、产品、事件），主要难点在分析域。产品和影评的意见都直接与标靶紧密相连，因此标靶容易鉴别，而在其他领域中精确鉴别标靶就是一个不小的挑战。一些篇幅长又泛泛而谈的文本，比如网页、新闻、博客，常常是无的放矢，什么都谈，哪个主题都可以演化成标靶。而在比较文本中的情感句子中则可能出现多于一个的标靶。一个主观比较句按照偏好来排序主语，比如"这台笔记本比我的台式机好。"这些句子用比较级形式的形容词和副词（如更多、更少、更好、更长），最高级形式的形容词（如最好、最少、最多）和其他词比如"一样"、"与……不同"、"赢"、"更喜欢……"等，就可以区分。句子检索一旦完成，这些主语按照它们在文本中最突出的特点进行排序。

步骤4：收集和整合

当文档中所有文本数据点的情感都已经鉴别、计算完成，在本步骤中要做的就是将它们整合、转化成单一的情感度量来代表整篇文档。整合有简单、复杂之分，简单的只需总结一下文本的各种极性和强度，复杂的则需要用自然语言处理中的语义整合技术导出最终的情感特征。

极性鉴别方法

前面部分已经提到极性鉴别可以在单词、术语、句子和文档的层面进行，其中最低层面的是单词极性鉴别。单词层面的鉴别完成之后就可以整合进入下一个更高一级的层面，接着是再下一层，直到达到情感分析最终需要的层面。单词或术语的极性鉴别大概有两种主要方式，各有各的优缺点：

- 将"总词汇"作为参考词库——人工开发、机器开发的都可以，用于个人的特殊目的或者机构通用的都一样；
- 将训练型文档作为具体领域术语极性的知识源（也就是从意见性文本文档中导出预测性模型）。

应用案例：基于文本的测谎

当今社会基于网页的信息科技日新月异，全球化进程也从未如此脚步匆匆。在这些因素的推动下，以计算机为媒介的沟通交流不断地渗入到生活的方方面面，也制造出新的欺诈形式。以文本形式的聊天、即时信息、短信和由在线实践社区产生的文本体积也越来越庞大，甚至连电子邮件的使用也呈现增长趋势。基于文本的沟通交流呈爆炸式增长，人们利用计算机为媒介手段来欺骗他人的可能性也因此提高。这些欺骗可能会导致灾难性的后果。

不幸的是，总体来说，人类觉察欺骗的成绩不甚理想，在文本交流中，这种情况则更加严重。关于测谎（也称为信用评价）的大部分研究都牵涉到面对面的会晤和面试。但是，文本交流在不断增长，基于文本的测谎技术开发也要紧随其后。

能够成功检测欺诈——也就是谎言——的技术有着广阔的应用空间。执法部门利用决策支持工具和技术调查犯罪，在机场进行安全检查，还有监控有嫌疑的恐怖分子之间的通信。人力资源专家用测谎工具筛选应聘者。这些工具还有潜力筛选企业官员的邮件，发现诈骗和其他违规行为。即使有些人信誓旦旦地认为自己可以发觉他人的不诚实行为，一项欺骗研究却表明，平均来说，人们在判断事情真实性的时候只有 54% 的正确率。在面对文本的时候，人们的表现比这还更差。

同时利用文本挖掘和数据挖掘，夫勒等人在 2008 年分析了军事犯罪嫌疑犯的陈述。在这些陈述中，嫌犯和证人被要求用自己的语言写下关于事件的回忆。军事执法人员搜索资料库，通过事实证据和案例分析，明确哪些是"真实"的陈述，哪些是"虚假"的陈述。陈述被标上"真实"或者"虚假"之后，执法部门移去鉴别性的信息，将陈述移交研究部门，一共有 371 份可供分析的陈述。夫勒等人使用的文本测谎技术的基础是信息特征挖掘，这种流程很大程度上依赖数据和文本挖掘技术的要素。图 6—9 是简化版的流程。

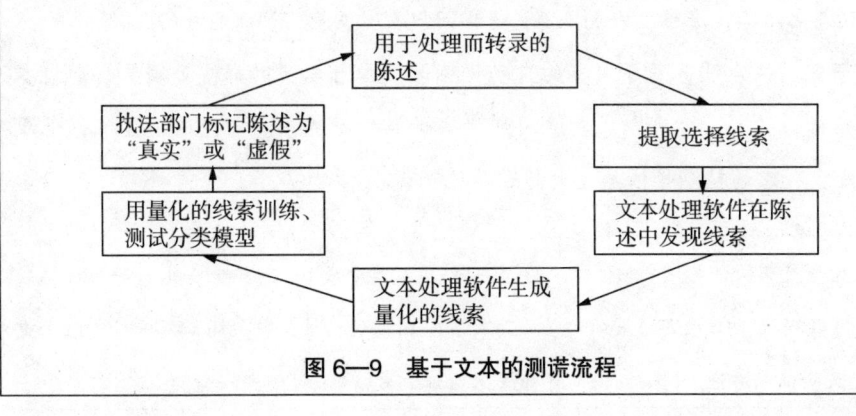

图 6—9 基于文本的测谎流程

研究人员要做的第一件事情就是准备需要处理的数据。手写的陈述需要转录为可供电脑操作的电子版。第二步研究人员需要找出31种特征（即线索）。这31种特征代表那些相对来说独立于文本内容的类别和类型，可以直接用自动化的方法分析。比如，第一人称代词，如"I"和"me"不需要分析周围的语境就可以鉴别出来。表6—2列举了一些类别和本项研究中使用的线索。

表6—2　　在测谎中使用的语言学特征的类别和例子

数字	类别	线索举例
1	数量	动词计数、名词短语计数等
	复杂度	从句平均数量、平均句子长度等
	不确定性	修饰语、情态动词等
	非直接性	被动语态、客观性等
	表达性	情感感染性
	多样性	词汇多样性、冗余度等
	非正式性	印刷错误比率
	具体性	时空信息、感知信息等
	影响	积极影响、消极影响等

特征从文本陈述中提取以后将被输入一个平面文件以供进一步的处理。研究人员用几种特征挑选法和十重交叉验证[①]。对比了三种流行数据挖掘法的预测准确性。结果显示，神经网络模型表现最佳，对测试数据样本的预测准确度达到了73.46%；决策树排名第二，准确度为71.60%；逻辑回归表现最差，准确度为67.28%。

研究结果表明，基于文本的自动化测谎技术可以帮助那些必须要鉴别文本中欺骗行为的人，也可以成功运用到现实世界的数据中。即使这项技术仅限于文本线索，它的精确性依然大大超过其他测谎技术。

注：① 十重交叉验证是用来测试精度的方法。将数据集分成10份，轮流将其中9份做训练，1份做测试，10次的结果的均值作为对算法精度的估计，一般还需要进行多次十重交叉验证求均值，例如，10次十重交叉验证，更精确一些。——译者注

第 7 章 大数据分析学

对于当今的企业来说，如何利用数据理解客户、消费者和商业运作本身来保持并促进公司成长、提高收益是一项迫在眉睫的艰巨挑战。可以获得的数据越来越多，形式千变万化，想要使用传统办法及时处理这些数据如以斗量海，不切实际。这种现象我们称之为"大数据"。新闻媒体对此争相报道，从商人员和 IT 专家也趋之若鹜。结果，"大数据"被捧过了头，逐渐地成为了一个随处可见的市场营销热词。

大数据对不同背景、不同兴趣点的人来说意义大不相同。传统的"大数据"被用来形容巨型组织分析的庞大数据，比如 Google 或者 NASA 的科研项目。但是，对大多数商业情况来说，"大数据"是一个相对的词："大"指的是机构的大小。关键点在于找出传统数据源内外的新价值。不断扩展数据分析学的疆域给我们带来了前所未有的新视野和新机遇，数据是否"大"取决于你从何开始，如何推进。看看下面这段大数据的描述：

大数据超越了通常使用的硬件环境和（或）软件工具的能力，并反过来在一个用户能接受的时间范围内捕获、管理和处理它们。大数据已经成为信息爆炸式增长、流通、使用的代名词，不管是结构化数据还是非结构化数据。大量的笔墨被花费在预测大数据的趋势以及它是如何成为创新、差异化、成长的基础上了。

大数据从何而来

最简单的答案就是：来自每个地方。那些先前因为技术条件限制而被忽略的数据源现在成为了数据金矿。大数据来源广泛，包括：博客、RFID 标签、GPS、传感器网络、社交网络、基于互联网的文本文档、互联网搜索索引、具体通话记录、天文学、大气科学、生物学、基因学、核物理学、生化实验、医学记录、科学实验、军事侦察、摄影档案、视频档案以及大型电子商务实例。

图 7—1 的三层图表阐释了大数据的来源：传统数据源——大部分为商业交易——被列为基层梯队，体量、种类和速率落在低等到中等范围；中层梯队是互联网和社交媒体产生的数据，这些由人直接产生的数据在理解群体思想和感知方面也许是最复杂也是潜在价值最高的，这些数据的体量、种类和速率落在中等到高等范围；高层梯队是机器产生的数据。多种前端的数据收集系统都已经实现了自动化，加之事物的互联网化（将所有事物关联在一起），各种机构得以收集庞大、丰富的数据，这在几年前是不可想象的。这三个梯队的数据开创了丰富的数据资源，如果能够正确辨别和合理运用，机构将大大提升处理复杂问题的能力，把握更多的机会。

"大数据"并不是新生名词，新的是它不断变化的定义和内涵。20 世纪 90

年代数据仓库刚出现时，公司就开始储存、分析大量的数据。数据仓库时期的数据以"万亿字节"来表示，如今变成了"千万亿字节"，并且随着机构持续存储和分析更高层次的交易细节、网页和机器生成的数据以期更好地理解消费者行为和商业的驱动力，数据体量的增长速度也一直在突飞猛进。不少学术和行业分析师、领导者都认为"大数据"是一个不恰当的名称，字面意思和深层内涵并不统一。也就是说，"大数据"并不仅仅是"大"而已，体量只是"大数据"众多特征之一而已，就和种类、速率、真实性、可变性和价值定位的地位一样。

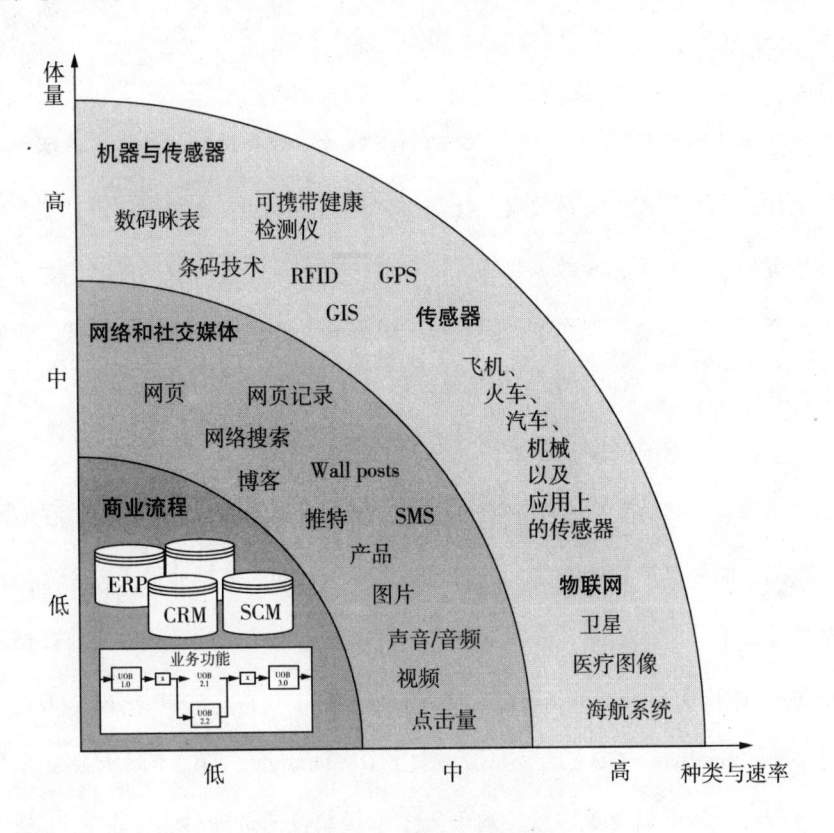

图 7—1　大数据的广泛来源

定义"大数据"的 V 们

大数据通常由三个 V 来定义：体量（Volume）、种类（Variety）、速率（Velocity）。除了这三个 V 之外，一些提供大数据领域解决方案的领头羊们还提出其他的 V，比如，真实性（Veracity，IBM 提出）、可变性（Variability，SAS 提出）和价值定位（Value proposition，学术和行业领域中每个人都这么说）。

体量

体量是大数据最基本的特征，多种原因导致了目前数据体量的指数爆炸式增长。例如，多年累积的交易数据、社交媒体日夜产生的文本数据、传感器数据、自动生成的 RFID 和 GPS 数据，等等。在过去，体量庞大的数据存储产生了各种技术问题和经济问题，现如今，随着技术的发展，存储成本也大大降低，老问题再也不会困扰我们，然而却有新的问题浮出水面。例如，如何确定数据间的相关性，如何创造相关数据的价值。

之前提到，"大"只是一个相对的词，随着时间的推移，其意义也在不断地发生变化，而不同的机构对"大"的理解也不尽相同。数据体量正以令人咋舌的速度增长，下一个级别的"大数据"命名也因此成为了一项挑战。先前数据的最大单位是拍字节（petabyte，PB），现在我们常用泽字节（zettabyte，ZB），这是吉字节（gigabyte，GB）的一兆倍，太字节（terabyte，TB）的十亿倍。在数据增长过程中，我们时常难以统一对下一个量级单位的全球命名。表 7—1 是一张目前数据体量单位和命名的一览表。

表 7—1　　　　　　　　　　数据体量增长中的命名

名称	符号	数值（字节）
Kilobyte	kB	10^3
Megabyte	MB	10^6
Gigabyte	GB	10^9
Terabyte	TB	10^{12}
Petabyte	PB	10^{15}
Exabyte	EB	10^{18}
Zettabyte	ZB	10^{21}
Yottabyte	YB	10^{24}
Brontobyte①	BB	10^{27}
Gegobyte②	GeB	10^{30}

注：①、②目前还未成为 SI（International System of Units）的官方名称
（来源：en.wikipedia.org/wiki/Petabyte）

想象一下，每天在互联网上要产生一个 exabyte 的数据，相当于 2.5 亿 DVD 的数据容量。而更高级别的单位——一个泽字节——也不是遥不可及，我们在讨论互联网一年中流通的信息时，就需要用到这一单位。事实上，行业专家估计到 2016 年，互联网上每年流通的数据将会达到 1.3 泽字节，紧接着我们也许就要谈论更高数量级的体量。有些大数据科学家甚至声称美国国家安全局和联邦调查局掌握了人们一个 yottabyte 的数据。更直观地讲，一个 yottabyte 相当于 250 兆 DVD 的存储容量。Brontobyte 虽然还不是正式的 SI 单位，但是已经得到了一些度量群体的承认。一个 brontobyte 是 1 后面加 27 个零。这么大的体量可以用来衡量下一个十年时互联网的传感器数据量。当然，也可能不用等到十年之后，我们就可以用上这个单位。一吉字节是 10^{30} 字节。关于"大数据"到底从何而来，请参看以下说明：

- 在欧洲核子研究中心，大型强子对撞机每秒产生 1PB 数据；
- 一架波音喷气飞机的传感器每小时产生 20TB 数据；
- Facebook 数据库每天增加 500TB 新数据；
- YouTube 上，每分钟有时长相当于 72 小时的视频上传，也就是每 4 分钟有 1TB 数据；
- 提议建造的"平方公里阵列"天文望远镜（迄今为止，世界上最大的天文望远镜）每天将产生 1EB 数据。

从短期历史的角度来看，到 2009 年全球拥有 0.8ZB 的数据；2010 年，数据突破了 1ZB 的标码；2011 年底达到 1.8ZB。IBM 预估未来六到七年内，我们将有 35ZB 的数据。这个数值令人无法置信，随之而来的挑战和机遇也同样惊人。

种类

如今数据的种类形式也是多种多样，从传统数据库到由终端用户和在线分析处理系统产生的层级数据存储，另外还有文本文档、邮件、XML 文本，计量器收集的、传感器捕获的数据，视频、音频数据，股票行情自动收录器的数据，等等。有些人测算得出，80%~85% 的数据都是以非结构化或者半结构化的形式呈现的（即这些数据不适合传统数据库架构），但这并不影响这些数据自身的价值，所以我们还是要收录、分析这些数据来支持决策行为。

速率

根据全球著名的、备受尊敬的科技咨询公司高德纳公司定义，速率不仅意味着数据产生的速度，还表示要满足所需的数据处理（即捕获、存储、分析）速度。

RFID 标签、自动化传感器、GPS 设备和其他智能计量器驱动了在几近实时的时间内处理数据流的需求。速率也许是大数据最容易被人忽略的特征。对大多数机构来说，能达到快速反应的速率是一个不小的挑战。在一个时间敏感度极强的环境中，数据诞生的那一刻机遇成本之钟就开始走动了。随着时间的推移，数据的价值将逐步衰减，直到变得一文不值。不管主题是病人的健康、交通系统的健全还是投资组合的完善，快速获取数据，以先于情况变化的速度出击，总能够带来好的结果。

在我们目前所面临的大数据风暴中，几乎所有人的注意力都放在了静态的分析法上，人们利用优化后的软件和硬件系统挖掘大量变化的数据。虽然这样做很有必要，也能够产生有价值的结果，但是我们忽略了另外一种由大数据速率特征驱动的分析法——数据流分析法，或者称之为"动态分析法"。如果操作得当，数据流分析法的作用能够和静态分析法不相伯仲，在一些商务情境下，它甚至优于静态分析法。本章的后续部分我们将仔细讨论这个话题。

真实性

真实性是 IBM 提出的大数据特征中的第四个 V。真实性指的是"与事实一致"，即数据的准确性、质量、真实、值得信任。各类工具和技术在处理大数据的真实性时，一般是将数据转化为值得信任的洞见来比较数据真实与否。

可变性

数据的速率和种类在不断增加，数据流也可能与周期性高峰错位。与周期性高峰错位意味着我们将难以正确地、节约成本地开发数据基础设施。如果我们放入专门的资源来处理高峰时期的数据，就意味着在其他时间段这些资源很大程度上是空闲的。一种比较流行的解决办法是利用在"基础设施即服务"的商业模型上整合的资源。云计算、服务导向的建筑和大型并行处理使大中小型企业都能够顺利处理数据的可变性问题。

价值定位

　　大数据最令人兴奋的地方就在于价值定位。人们预想大数据包含（或者有更大的潜力包含）比小数据更多的模式和有趣的不规则现象。因此，机构能够从分析特征丰富的数据中获得更高的商业价值，其他方法并不能达到相同的效果。用户用简单的统计方法和机器学习方法，或者即席查询、报告工具也能够从小数据中发现一些模式，而大数据则代表了"大"分析、更广阔的视野以及更好的决策，任何一个机构都不会拒绝这样的好处。

　　大数据的精确定义问题仍然是一个学术界和各个领域正在进行中的讨论，也许会有更多的特征（也许是更多的V）被加入到特征清单中。不管如何变化，这份清单都会包含大数据的重要性和价值定位两个不可或缺的特征。

大数据的关键概念

　　不考虑体量、种类和速率，大数据本身是毫无价值的。只有当商业用户利用它们为企业创造价值时，它们才是无价之宝。正因如此，我们需要"大"分析。多数企业都有监控数据仓库的长期报告和仪表盘，但是并不对外开放这些资源库，由此阻碍了为了满足需求而诞生的深度探索。导致这种情况的一部分原因是分析工具对大多数普通用户来说过于复杂，另一部分原因是对于用户来说，资源库的信息还远不够用。随着大数据分析范式的出现，这种情况将发生戏剧性的变化（有些变化甚至已经登上了舞台）。

对于企业来说，大数据的价值和挑战并存。传统的捕获、存储、分析方法并不能快速有效地处理大数据，因此，研发（或者购买、雇佣、外包）新技术来接这块烫手山芋成为了当务之急。在做这项投资之前，企业首先要师出有名。以下的问题也许能在这点上能使你更加明朗地看清一些。如果这些陈述对你而言的确存在，那么你就要慎重考虑开始你的大数据之旅：

- 受目前使用的平台和环境限制，你无法处理想要处理的数据；
- 你想将最新的数据源（如社交媒体、RFID 标签、传感器、网页、GPS、文本数据）纳入到分析平台，但是它们无法和数据存储中由架构定义的行与列兼容而又不失真实性和丰富性；
- 为了实时分析，你需要尽可能快地整合数据；
- 由于新数据本质未知，或者没有足够的时间确定本质，然后再开发相应的架构，你需要一个按需变化架构（与关系数据库管理系统中使用的先定架构相对）数据存储范式来适应这种情况；
- 数据到达的速度远远超出你企业目前使用的传统分析方法能够处理的速度。

正如其他大型 IT 类投资一般，大数据分析能否成功取决于一系列因素。图 7—2 形象地展示了一些最关键的因素。

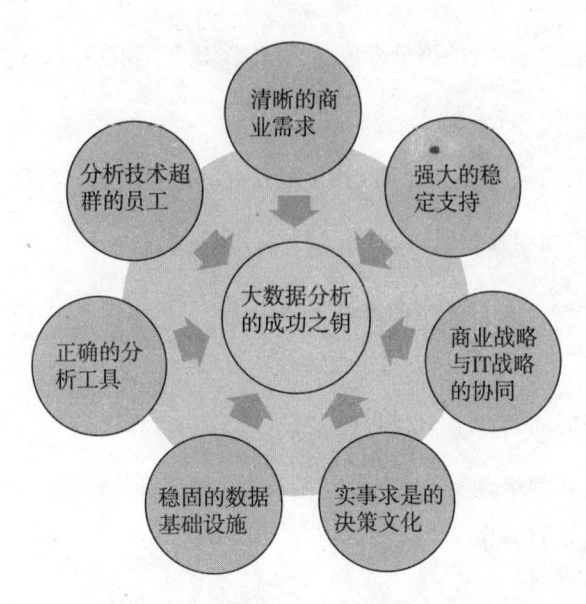

图7—2 大数据分析成功的关键因素

以下是对这些关键因素的解读。

- **清晰的商业需求（愿景和战略的一致）**。商业投资应该是为了更好的商业发展而不是纯粹追求高科技。因此，大数据分析的首要驱动力应该是商业需求，不管来自于什么层面：战略、战术或者运营。

- **强大稳定的支持（即执行支持者）**。众所周知，离开了强大稳定的执行层的支持，改革很难（几乎不可能）成功。如果目标范围只是一个或者几个分析应用，那么部门级别的支持就足够了。但若想要进行整个企业的转型（使用大数据的初衷常常在于此），就需要来自最高层的、整个企业的支持。

- **商业战略和IT战略间的一致**。必须要确定分析工作总是为了支持商业战略，而不是商业战略支持分析工作。分析工作应该在商业战略中扮演推动者的作用。

- **实事求是的决策文化**。在实事求是的决策文化中,数据推动着决策,而不是直觉、感觉和猜测。同时,这种文化还伴随一种以实验决定哪些有效、哪些无效的实验文化。要创造实事求是的决策文化,企业高层需要:
  1. 认识到一些人总是不能或者不愿意作出调整的;
  2. 用实际声音表达自己的支持;
  3. 强调必须抛弃过时的方法;
  4. 询问什么样的分析最终进入了决策;
  5. 以奖励和补偿促进员工按公司的期待行动。
- **稳固的数据基础设施**。数据仓库为数据分析提供了基础设施。这项基础设施始终在不断变化并在大数据时代因新科技而得到了进一步加强。成功需要新老结合,并为了事半功倍的全面基础设施而努力。

随着数据的体量和复杂性不断增加,对高效分析系统的需求就越来越急迫。为了赶上大数据的计算机需求,一批创新的计算机技术和平台正在开发中。这些技术统称为"高性能计算",包括:

- "内存分析"允许在内存中处理分析型计算和大数据,再通过一系列专用的节点进行分配,由此几乎能够做到实时地高度精确预测并解决复杂问题;
- "数据库内部分析"在数据库内部完成数据整合和分析,因此不需要重复地移动或转化数据。这种技术能加速预测,并更好地控制数据;
- "网格计算"在一个共享的、中央控制的IT资源池中处理任务,能够提升效率,降低成本,性能更佳。
- "设备"将硬件和软件整合到一个物理单元中,使之不仅能够快速处理,还可以恰如所需地改变大小。

这些计算需求仅仅是当今企业面临的大数据挑战的一部分。企业高管们在实践中发现了一些对于成功实施大数据分析有重要影响的因素，列举如下。在考虑大数据项目的实施和架构时，留心这些因素将使这段通往分析能力的旅途不那么紧张。

- **数据体量**。捕获、存储、处理大量数据的速度必须要保持在一个快速的状态，以保证决策层在需要的时候即刻就能获得最新信息。
- **数据整合**。在融合结构或者来源不同的数据时既要提高速度又要降低成本。
- **处理能力**。捕获数据后即刻处理的能力非常重要。传统的收集、处理数据的方法也许并不适用，在多数情况下，数据一经捕获就需要立即分析以获得最大的价值（这成为"流分析"，本章稍后会有所讨论）。
- **数据管理**。大数据的安全、隐私、所有权和质量问题都应该实时更新。数据的体量、种类（形式和来源）、速率在变化中，因此管理实践的能力也要相应地有所变化。
- **技术可得性**。大数据需要和新工具配套使用，并且常常有新的视角产生。作为新兴产业，该领域的专业人员（常被称为数据科学家，本章稍后讨论）存在短缺。
- **解决方案的成本**。大数据为我们打开了一扇通往商业改良的大门，有大量正在发生的实验和发现需要付诸实践以确定什么样的模式是有效的，是能将预见转化为实际价值的。为了保证 ROI 比率为正，各种大数据项目都必须降低发现价值的成本。

由于大数据的挑战真实存在，大数据的价值也同样摸得着看得见。商业分析领导者们的实际行动证明了数据资源对商业的价值，推动企业从实验、探索大数据到适应、拥抱大数据的转变。他们做的任何一件事都能够将企业的前后期区分开来。探索固然是好的，然而，大数据的终极价值在于将预见转化为行动。

大数据分析处理的商业问题

大体来说，大数据处理的主要商业问题是如何提高流程效率，缩减成本，提升顾客体验，但是不同行业又有各自独特的视角和出发点。流程效率和成本缩减是分析大数据能够解决的一般商业问题，同时又是大数据分析处理排行榜上前几名的问题，制造业、政府、能源和公共事业、媒体、交通、医疗等部门都依靠大数据。保险公司和零售企业最关心的问题是如何提升顾客体验，银行和教育类企业则更加侧重风险管理。以下我们列出了一些大数据分析可以解决的问题：

- 流程效率和成本缩减；
- 品牌管理；
- 税收最大化、交叉销售、向上销售；
- 提升顾客体验；
- 订户流失率监控和顾客招揽；
- 改善顾客服务；
- 发现新产品和市场机会；
- 风险管理；
- 合规性；
- 强化安全性能。

大数据科技

处理、分析大数据的技术虽然种类浩繁，但有一些共同特征：它们都利用商用硬件使得横向拓展和并行处理技术成为可能；使用非关系型数据存储以保证处理非结构化和半结构化数据；应用高级分析法和数据可视化技术将大数据的洞见传达给终端用户。三种大数据技术从众多方法中脱颖而出，成为改变商业分析和数据管理市场的先锋：MapReduce，Hadoop 和 NoSQL。下面我们将来介绍一下这三种技术。

MapReduce

MapReduce 由 Google 公司推广，主要负责分配跨大型机器聚类器的多结构数据文档处理。MapReduce 将流程分割为小单元，这些单元可以通过跨聚合体中成百上千的节点同时被处理，这成就了 MapReduce 的不俗表现。丁（Dean）和格马沃特（Ghemawat）在他们关于 MapReduce 的开创性论文中写道：

MapReduce 是处理和生成大数据组的编程模型和相关的实施原则。在这种原则基础上编写的程序能够在大型商用机器自动实施并行处理和执行相应的功能。不擅长并行系统和分布式系统的程序员也能够很快熟悉利用大型分配系统的资源。

上面这段话的重点在于明确了 MapReduce 的性质：它是一个编程模型而不是编程语言，它是为程序员开发设计的，并不适用于商业用户。

为了更好地了解 MapReduce 是如何运作的，接下去我们来看一个案例。图 7—3

是一个彩色的正方形计数器，MapReduce 流程的输入端是一组彩色的正方形，目的是计算每种颜色正方形的数目。程序员需要做的是编写映射和还原程序。流程的剩余部分由软件系统负责，运行 MapReduce。

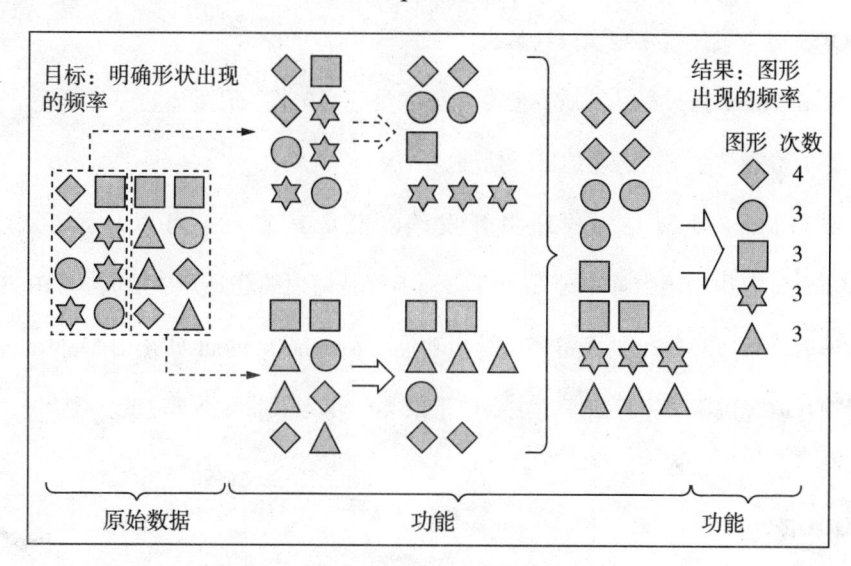

图 7—3　MapReduce 流程的图形展示

MapReduce 系统首先读取输入的文档，将之分割成几块。例子中是将各种形状分成了两组，现实情境中分割的块数可能要多得多。接着，多组映射程序在聚类器的各个节点上同时对这些块组进行并行分析。在这个案例中，映射程序是将每组中颜色相同的组合并在一起。在这之后，MapReduce 系统将每个映射程序得出的结果合并（也就是打乱再分类）作为还原程序的输入项，还原程序再计算每种颜色正方形的数目。例子中只有一个还原程序，实际操作中可能需要多个还原程序的参与。为了优化性能，程序员可以定制自己的"打乱再分类"程序，也可以使用合成器合成本地映射的输出文件以减少输出文件的数量（这些输出文件由跨聚类器的"打乱再分类"步骤远程获得，较为不便）。

为什么选择 MapReduce

MapReduce 协助机构处理和分析大量多结构的数据，应用案例包括索引和搜索、图形分析、文本分析、机器学习和数据转化。如果使用数据库管理系统的标准 SQL，以上案例经常难以得到解决。

MapReduce 的过程性特质方便专业程序员理解架构，开发者也不需要关心并行计算的事情，系统会透明地自行处理。

虽然 MapReduce 是为程序员开发的，但是其他人也可以从预生成的 MapReduce 应用和函数库中分得一杯羹。不管是商用的还是开放源的 MapReduc 函数库，你都可以轻松地获得多种分析功能。Apache Mahout 就是由 MapReduce 运行的开放源机器学习算法库，主要用于聚类、分类和批量协同过滤。

Hadoop

Hadoop 是一个开放源的框架，主要处理、存储和分析大量分布式的非结构化数据。最初 Yahoo！的道格·卡丁（Doug Cutting）受 Google 公司在 21 世纪初为了索引网页开发的自定义函数 MapReduce 启发，研发了 Hadoop，用于处理被并行分配到多个结点的 PB、EB 数量级的数据。

Hadoop 聚类器在廉价的商用硬件上就可以运行，因此项目得以横向扩张而不至于让公司破产。目前，Hadoop 是 Apache Software Foundation 的一个项目，数以百计的研究人员正在不断改善这项技术的核心。

Hadoop 如何运作

比起用一台机器死磕一大块数据的笨办法，Hadoop 将大数据敲碎成多个部分，每个部分都可以同时进行处理和分析。客户从各种来源中获取非结构化和半结构化的数据，包括：日志文件、社交媒体推送和内部数据储存。Hadoop 将数据分成几个部分，之后这些部分将被录入到一个商用硬件上运行的由多结点组合而成的文件系统。Hadoop 内储存的默认文件是 Hadoop 分布式文件系统。由于类似的文件系统不要求将数据组合进相关联的行和列，所以它们在存储大量非结构化和半结构化的数据时显得格外得心应手。每个部分都会复制多次，输入文件系统，这样一来，一个节点失灵时，其他节点上还有数据的备份。系统中有一个作为协调员的名称节点，负责向客户汇报信息，哪个节点运作正常，哪个失灵了或者某个数据具体在聚类器中的哪个位置。

数据一旦进入聚类器，MapReduce 就可以开始分析了。客户将映射任务（一般是由 Java 语言编写的查询）提交给聚类器中被称为"任务追踪者"的节点。任务追踪者接着请示名称节点，决定为了完成任务，它需要获取什么数据，以及该数据在聚类器中的具体位置。这一步完成之后，任务追踪者将查询提交给相关节点，接下来的处理将在各个节点中同时进行，或者说并行进行，而不是将所有数据带回中央位置处理，这一点是 Hadoop 最核心的特征。

完成指定任务后，每个节点都将结果储存起来。客户紧接着通过"任务追踪者"开始运行还原程序。映射阶段储存在本地每个节点上的结果这时将被整合来确定初始查询的答案，并放入下一个聚类器的节点。客户可以提取这些结果，并将其放入不同的分析环境进行分析。到这一步 MapReduce 阶段就全部完成了。

MapReduce 处理完成的数据接着就由数据科学家和其他高级数据分析师进行

进一步的分析。数据科学家依据不同的目的使用不同的工具操控和分析数据,他们试图找出隐藏的洞见和模式,或者利用这些数据构建面向用户的分析型应用。数据也可以从 Hadoop 聚类器传输到现有的相关数据库、数据仓库和其他传统的 IT 系统,进行更深层次的分析或者用于支持事务缓存处理。

Hadoop 的技术组成

Hadoop "栈"由许多部分组合而成,包括:

- **Hadoop 分布式文件系统**。这是任何 Hadoop 聚合中都存在的默认存储层;
- **名称节点**。名称节点位于每个 Hadoop 聚合中,向客户提供具体数据储存的信息,包括存储的位置和是否正常工作;
- **二级节点**。二级节点是名称节点的后援,周期性复制和存储名称结点的数据以防止名称节点瘫痪;
- **任务追踪者**。任务追踪者是 Hadoop 聚类器中触发和协调 MapReduce 任务以及数据处理的节点;
- **从属节点**。从属节点是 Hadoop 聚类器中的步兵,它们储存数据,按任务追踪者的指令处理数据。

另外,Hadoop 生态系统则是由另外一些补充性的子项目组成。NoSQL(NoSQL 意为"Not Just SQL")像 Cassandra 一样存储数据,HBase 则存储 Hadoop 中由 MapReduce 产生的结果。在编程语言方面,除了 Java 语言,一些 MapReduce 任务和 Hadoop 函数用 Pig 语言编写,Pig 语言是专门为 Hadoop 设计的开放源语言。而 Hive 是一个开放源的数据仓库,最初由 Facebook 开发,在 Hadoop 中用于建立解析模型。关于 Hadoop 的各种相关项目和支持性工具或者平台都可以在沙达(Sharda)等人 2014 年的作品中找到。

Hadoop 的优缺点

Hadoop 的主要优点在于企业可以由此处理、分析大量的非结构化和半结构化数据，并且成本低廉、快速有效。这在 Hadoop 未诞生之前是不可完成的。Hadoop 聚合可以扩展到 PB 甚至 EB 的数量级，企业便可以不再依赖样本数据组，而是处理和分析所有的相关数据。数据科学家还可以将迭代法应用于分析以持续检验、改良查询，发现之前忽略的洞见。还有重要的一点——Hadoop 成本低廉。开发者可以免费下载 Apache Hadoop Distribution，并在一天之内就可以开始体验 Hadoop。

Hadoop 及其无数组件的缺点就是不成熟，仍处于研发阶段。如同其他新生尚未完善的技术一般，运行、管理 Hadoop 聚类器，完成对非结构化数据的高级分析需要操作人员专业的知识、技巧和大量培训。不巧的是，目前 Hadoop 的开发人员紧缺，数据专家更是捉襟见肘，这对企业来说意味着不能及时维护、利用复杂的 Hadoop 聚类器。除此之外，随着各个社区不断改善 Hadoop 组件，并且越来越多的新组件正在开发中，Hadoop 很有可能遭遇分裂（多数不成熟的开放源技术或者方法都难逃此劫）。最后，Hadoop 是一个面向批量处理的框架，不支持实时数据处理和分析。

让人欣慰的一面是 IT 界最聪明的大脑们都在支持 Apache Hadoop 项目，新一代的 Hadoop 开发者和数据科学家也正在成熟中。Hadoop 正在快速成长为既强大又操作简单的技术。Hadoop 的生态供应商们，不管是专注于 Hadoop 相关产品的创业公司，如 Cloudera 和 Hortonworks，还是 IBM 公司和微软公司这样的 IT 中坚力量，正联手提供给企业方便使用的商业 Hadoop 版本、工具和服务，期望每家传统企业都能够无障碍地操作、管理这项技术。而其他前沿创业公司则致力于完善 NoSQL 数据存储，使之能够与 Hadoop 一起为我们带来几近实时的洞见。

Hadoop 并没有那么神秘

Hadoop 及其他相关科技，比如 MapReduce 和 Hive 至今已经面世五年多了，然而有些人依然对它们有所误解。以下十条真相将澄清：Hadoop 是什么，和商业智能有什么关系，在何种商业科技情景下基于 Hadoop 的商业智能、数据仓储和分析是有用的。

- **真相 1：Hadoop 包含多种产品。** 当我们说起 Hadoop 时感觉在说一个单一的东西，其实它是一个开放源产品和科技的大家庭，由 Apache Software Foundation 统一监控（有些 Hadoop 产品通过供应商提供的商业版本也能够获取，后面我们会说到这个）。

  Apache Hadoop 资料库包含（按照商业智能优先级排序）：Hadoop 分布式文件系统，MapReduce、Hive、HBase、Pig、Zookeeper、Flume、Sqoop、Oozie、Hue，等等。以上内容可以任意组合，但是 Hadoop 分布式文件系统和 MapReduce（或者再加上 HBase 和 Hive）对商业智能、数据仓库和分析学来说是一组有用的组合。

- **真相 2：Hadoop 是开源的，但同时也可以从供应商处获得。** Apache Hadoop 的开放源软件库可以从 www.apache.org 的 ASF 中获得。对于需要直接用于企业的用户，可以从提供 Hadoop 商业版本的供应商处获得，这些软件包包含附加的管理工具和技术支持。

- **真相 3：Hadoop 是一个生态系统而不是单一的产品。** 除了 Apache 的产品之外，Hadoop 衍生的生态系统还包括一系列不断扩大的供应商，他们整合、扩展 Hadoop。在你最常用的搜索引擎上就能找到这些信息。

- 真相 4：Hadoop 分布式文件系统是一个文件系统，而不是一个数据库管理系统。Hadoop 基本上是一个分配文件系统，缺乏数据库管理系统的相关功能，比如索引、任意索取数据和对 SQL 的支持。其实这并无大碍，Hadoop 分布式文件系统能够做数据库管理系统无法做到的事情。

- 真相 5：Hive 和 SQL 有相似之处，但不是标准的 SQL。我们大多数人都被 SQL 缚住了手脚，我们实在太熟悉 SQL，使用的工具也基本需要 SQL 的辅助。知道 SQL 的人都能快速学会手工编写 Hive，但这并不能解决基于 SQL 的工具兼容性问题。数据仓库研究所认为不久的将来，Hadoop 产品将会支持标准 SQL，因此这个问题就会失去继续讨论的意义。

- 真相 6：Hadoop 和 MapReduce 相互关联但不彼此依赖。早在 HDFS 存在之前，Google 的开发者们就开发出了 MapReduce，它的一些变体也与其他各种存储技术相得益彰，这些技术包括：Hadoop 分布式文件系统及其他文件系统；某些数据库管理系统。

- 真相 7：MapReduce 控制分析法，本身不是一种分析法。MapReduce 是一款通用的执行引擎。它可以处理所有能够手动编程的应用，控制、平衡复杂的网络交流、并行编程和容错功能，而不仅仅是分析。

- 真相 8：Hadoop 与数据多样性相关，不局限于数据体量。理论上来说，只要你能将数据放入文件夹并复制到 Hadoop 分布式文件系统上，它就能够管理任何类型数据的存储和获取。这听上去好像简单得不可思议，但事实如此，这也是很多客户选择 Apache Hadoop 分布式文件系统的原因之一。

- 真相 9：Hadoop 是数据仓库的补充而不是替代。机构设计的数据仓库大都适合于结构化、相关的数据,因此,想从非结构化和半结构化的数据中挖掘商业智能价值就比较困难。Hadoop 则可以作为辅助处理数据仓库无法处理的多结构数据。

- 真相 10:Hadoop 有多种分析法,不局限于网页分析。人们谈到 Hadoop,一般会联想到互联网公司用它来分析网页日志和其他网页数据。实际上,Hadoop 还有很多其他用途。想想制造业中的机器人学,零售业的 RFID 标签,还有公共事业中的电网监测,由这些传感器产生的大数据也是 Hadoop 的使用范围。早期那些需要大量数据样本的分析应用,比如客户细分、欺诈侦测和风险分析,都可以从 Hadoop 管理的附加"大数据"中获益。同样的,Hadoop 的附加数据也能够扩大 360 度全方位的视野,看到更完整、更精细的图景。

NoSQL

作为一种像 Hadoop 一样处理大体量、多结构数据的新型数据库,NoSQL 正在逐渐进入我们的视野。Hadoop 善于支持大型、批量的历史分析,而 NoSQL 数据库的主要目的(也有一些关键的例外)在于向终端用户和自动化大数据应用提供存储于大量多结构数据中的离散数据。这项功能饱受相关数据库科技匮乏的困扰,在大数据层面,应用无法保持期望的表现。

Hadoop 和 NoSQL 也有协同工作的情况。HBase 就是一款流行的 NoSQL 数据库。它参照 Google Big-Table 而设计,经常被用在 Hadoop 分布式文件系统的顶层,在 Hadoop 内部提供低等待的快速查询。而大多数 NoSQL 的不利一面在于,它们为了好的表现和扩充性而牺牲了单元性、一致性、隔离性和持续性。还有很多 NoSQL 数据库缺乏成熟的管理和监控工具。目前，一些开放源的 NoSQL 社区和部分想将 NoSQL 数据库商业化的供应商正在努力试图克服这些缺点。目前，可获得的 NoSQL 数据库有 Hbase、Cassandra、MongoDB、Accumulo、Riak、CouchDB 和 DynamoDB 等。

数据科学家

数据科学家与大数据和数据科学相关，在很短的时间内便跃升为市场上最抢手的职业。2012 年 10 月发行的《哈佛商业评论》中，托马斯·达文波特（Thomas. H. Davenport）和帕提尔（D. J. Patil）撰文称数据科学家是"21 世纪最性感的职业"。他们在文章中将数据科学家最基本、最通用的技能定义为"写程序"（用最新的大数据语言和平台写）。虽然在不久的将来，越来越多的人会在名片上写上"数据科学家"，会"写程序"这一点将不足为奇，但目前来说，这是数据科学家应具备的最基本技能。今后，数据科学家们则需要一种让所有利益相关者都能够理解的语言来讲述数据的故事——无论是通过口头表达还是视觉呈现，当然两者兼备就更好了。

数据科学家综合使用商业技巧和科学技术"调查"大数据，找出改善目前商业分析实践（从描述性到预见性和规范性）方法的蛛丝马迹，并由此为把握商业新机遇，做出更好的决策。数据科学家和商业智能用户——比如商业分析师——之间存在着本质差别：数据科学家调查、寻找新机遇，而商业智能使用者分析现存的商业情况和运营状况。

强烈的好奇心是一名数据科学家不可或缺的特质。他渴望向问题表面以下探索，找出问题的心脏所在，筛选出可验证的一系列思路清晰的假设。这样求根溯源的精神背后是联想发散的思维方式。在任何领域中，最具创造精神的科学家们都具备这种思维方式，例如，一名数据科学家在研究欺诈问题的时候，发现这可以类比某种 DNA 测序问题。将这两个迥然不同的世界连接在一起后，这位数据科学家和他的团队就成功地找出了一种能够大大降低欺骗损失的方法。

数据科学家从哪儿来

尽管对于该不该用"科学"二字来称呼"数据科学"意见尚未统一，但对此的争议正在慢慢减轻。真正的科学家会利用其他科学家创造的工具，如果没有可用的工具，为了进行知识探索，他们也会自己做。数据科学家恰恰就是这么做的。实验物理学家需要自行设计实验需要的设备，收集数据，实施多种实验，发现新知识，再交流各自的结论。虽然数据科学家不像实验物理学家一样穿着白色实验服，在无菌的实验室里做实验，但他们也同样使用创造性工具和技术将数据转化成可供操作的信息，使他人能够利用这些信息做出更好的决策。

对于数据科学家应该有什么样的教育背景还没有一个统一的标准。一般来说，数据科学家需要有计算机科学的硕士或者博士学位，管理信息系统、工业工程学或是最近的分析学方面的学业背景，但仅仅有这些也不足以称之为"数据科学家"。人们最需要数据科学家的地方在于他们在商业和科技应用方面的专业知识。这样说来，数据科学家有点儿像专业工程师或者专业项目经理，对这些角色来说，经验和专业技能、教育背景一样（有时更重要）重要。如果在未来的几年内，出现专门的数据科学家证也不足为奇。

数据科学领域仍在界定之中，许多数据科学家的实践也还是实验性的，远远没有标准化，因此企业在看待数据科学家这个职业的时候，对个人的经验非常敏感。在这个职业成熟以后，各项实践标准化以后，一名数据科学家有经验与否将不再那么关键。如今，企业寻找的是在处理复杂数据问题方面有丰富经验的人，并在有物理和社会科学教育背景和工作背景的人中挖掘了不少人才。一些最好的、最聪明的数据科学家是一些深谙科学领域的博士，比如，生态学和系统生物学。数据科学家该从哪个领域中来还没有达成共识，但对于他们应该有哪些技能和品质还是有一个普遍的理解。图7—4就描述了数据科学家应该具备哪些技能。

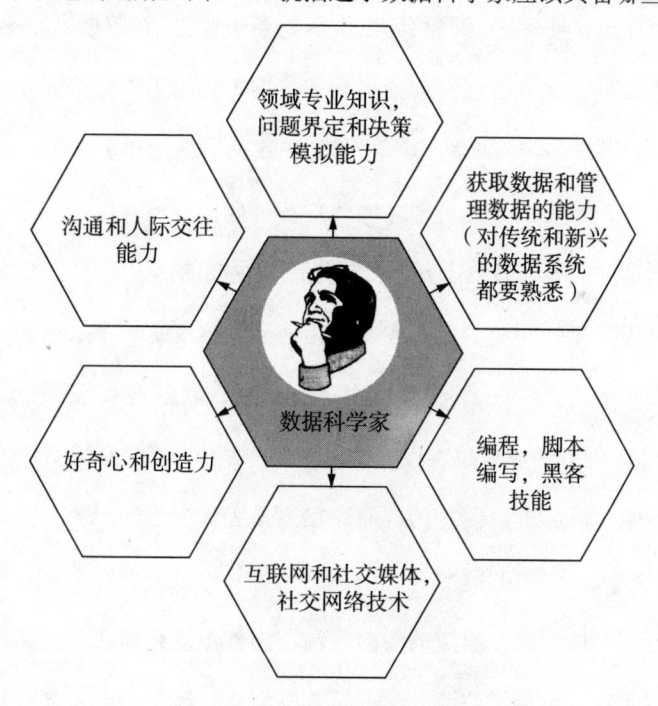

图7—4　一名数据科学家需要具备的技能

数据科学家要有诸如创造力、好奇心、沟通技巧（人际交往能力）、专业知识、问题界定和管理技能，这样的软实力（如图7—4中左侧的部分）。同时，他们应该有过硬的技术实力，比如数据操控、编程、黑客技能、脚本编写和互联网、社交媒体、社交网络技术（图7—4中右侧部分）。

大数据和流分析法

在本章前面部分，我们提到了数据的体量和种类，大数据的另一个关键特征就是速率。速率代表了数据产生、流向分析环境的速度。各家机构都在努力寻找处理流水般数据的新方法，试图尽可能快、尽可能准确地对出现的数据进行分析，对问题和机遇作出快速反应，使顾客满意，获得竞争优势。当数据迅速连贯地涌入，与之前积累的数据（也就是已经被捕捉到的数据）协同工作的传统分析方法就会出错：要么使用了过多与文本无关的数据，导致错误结论；要么得出了正确的结论，但为时已晚，对客户毫无价值。因此对各种商业情境来说，能够在数据产生或者进入分析系统的瞬间就可以开始分析是至关重要的。

在大部分现代化的商业中，人们普遍相信应该记录每一条数据，如果它们现在没用，那么在不久的将来一定会派上用场。然而，数据的来源呈现爆炸式增长，这种"存储一切"的方法越来越难以实施，在某些情况下甚至变得不可行。实际上，虽然科技在不断发展，但目前总的存储容量还是大大滞后于世界上新产生的数字信息。另外，在风云莫测的商业环境中，为了更好地适应新环境，对数据中有意义的变化进行实时检测，在给定的短时间窗口内找出复杂模式的变体都是意义重大的。以上事实直接引导了"流分析"范式的诞生。流分析诞生之初是为了解决一些特殊的挑战，比如，及时高效地永久存储无限的数据流以供后期分析，或者检测复杂模式的变体并迅速作出反应。

流分析（也称数据动态分析，或数据实时分析）这个术语主要用于从连续不断如流水般的数据中提取可行信息的分析流程。"流"在这里可被看作接连不断的数据要素。流中的数据要素被称作"元组"。在相关性数据库中，元组就像一行数据（即一组记录、一个物体或者一个实例）。然而在半结构化或非结构化数据情境下，元组抽象地代表了一包包含一组给定物体属性的数据。如果元组自身包含的信息不够满足分析的要求，我们就需要其他元组间的相关性或者集体的相关性，这时我们就会用到一个包含一组元组的数据窗口。数据窗口是一组或者一串个数有限元组，有新数据进入时会及时更新。窗口的大小由被分析的系统大小决定。流分析越来越流行的原因有二：第一，反应时间过长导致贬值；第二，我们已经掌握在数据产生伊始就进行捕获、处理的技术。

流分析的一些最强有力的应用出现在能源工业，特别是智能电网系统。智能电网不仅可以实时产生、处理多数据流，优化能源分配方案以满足顾客的需求，而且可以精确地预测短期电力能源的使用情况，满足意料之外的需求，应对可再生能源的生产高峰。

图7—5解释了流分析应用于能源工业的一个普通示例（一个典型的智能电网应用）。应用旨在分析来自智能咪表、生产系统传感器和气象学模型的流水数据，实时精确地预测电力需求和生产。这种预测短期电力消耗和生产趋势，实时侦测异常现象的能力可以优化供应策略（比如确定生产量、利用哪种能源生产以及如何优化生产量），调整智能咪表管理电量消耗，制定较为合理的能源价格。

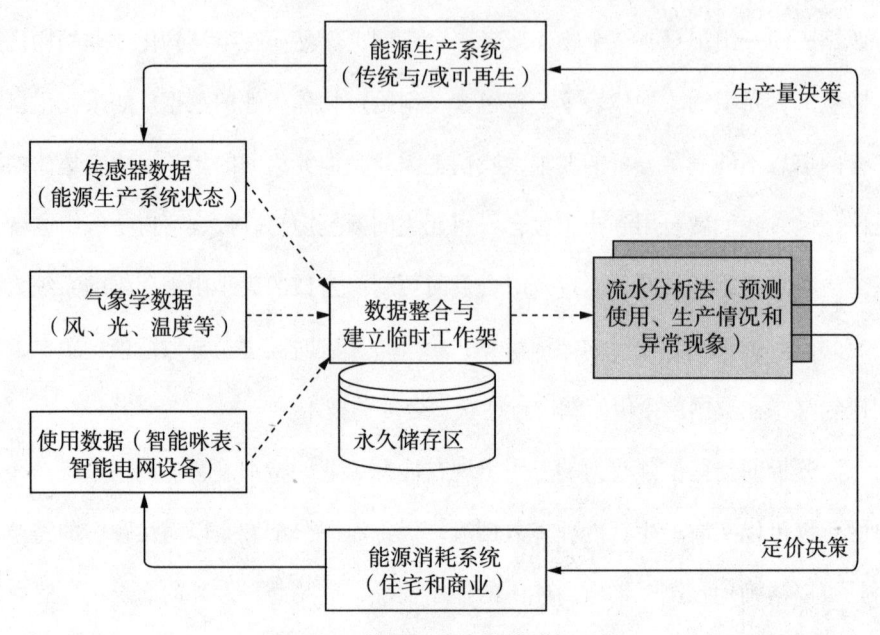

图 7—5　能源工业中的流分析示例

数据流挖掘

数据流挖掘作为流分析法的支持性技术，主要是从连续、快速产生的数据记录中提取新奇模式和知识构架的流程。本书中有所提及，传统的数据挖掘工具需要首先收集数据，组织进入一个适合的文件格式里，再以一种递归的形式处理学习数据中潜在的模式。相比之下，数据流是一股连续、有序的样本数据，在众多数据流挖掘工具中只能用受限的计算、存储功能读取或者处理一次或很少的几次。数据流种类多样，具体包括：传感器数据，计算机网络流量，电话交流记录，ATM 交易，网络搜索以及金融数据。数据流挖掘可被看作是数据挖掘、机器学习和知识发现的子领域。

数据流挖掘工具一般是利用数据流现有实例的分类、数值来预测新实例的分类和数值。专业的机器学习技术（大部分是传统机器学习技术的衍生品）可以从标记过的例子中自动地学习这种预测技巧。德伦等人在2005年研发了一种预测方法，他们一次使用一个数据子集，逐步建立、完善了一个决策树模型。

应用案例：政治竞选中的大数据

　　大数据和大数据分析使政治随头换面。从近期的总统选举来看，大数据和分析学鼓动了百万志愿者（以现代意义上的草根运动为表现形式）投身到竞选活动中，不仅募集到了千万美元，更组织了大量活动，调动大量潜在的选民投票。2008年和2012年的两届总统选举显而易见地在政治舞台上增添了浓墨重彩的一笔，大数据和分析学的创造性应用大大提高了获胜的可能性。图7—6阐释了分析流程是如何将多样的数据变成了赢得竞选的要素。

　　如图7—6所示，数据是信息的源泉，数据越丰富、越深层，得到的洞见就越精确、越相关。大数据的几个主要特征——体量、种类、速率在政治活动中都必不可少。除了结构化数据（如先前竞选的详细记录、人口普查数据、市场调查以及民意调查数据），大量真实的社交媒体数据（如Twitter信息、Facebook记录、博客）和网页数据（网页、新闻文章、新闻讨论组）也被用于了解选民的真实想法以获得更深层的洞见来加强或改变这些想法。一般个人的网页搜索和浏览记录会被捕获，顾客（政治分析师）获取这些信息后，用它们作出预测或者行为定向。若操作得当，大数据和分析学能够提供大量决定性的信息，牢牢地控制政治竞选。

　　从预测选举结果到定位潜在的选民和赞助者，大数据和分析学能够给现代竞选提供的远不止于此。事实上，总统竞选的操作方法因此改变。在2008和2012年的总统选举中，为了使竞选更加高效，美国两大主要党派——民主党和共和党都使用了社交媒体和数据驱动的分析，但是民主党显然占据了竞争性优势。奥巴马在2012年选举中，综合利用了数据和分析驱动的运作方式，比广受赞誉的2008年选举（主要利用了社交媒体）更加复杂，更加有效。2012年选举中，几百名分析师将分析法广泛应用到多样大量的数据，持续准确精细定位目标人群，明确目的和要传达的信息。例如，Facebook和Twitter上的数据与2008年相比，纳特·西尔韦（Nate Silver）在《纽约时报》的"FiveThirtyEight"博客栏中预测奥巴马获胜，并且预测了将以几票获胜。斯坦福大学的教授西蒙·杰克曼（Simon Jackman）精确预测了奥巴马能赢得332票，而北卡罗来纳州和印第安纳州是仅有的两个奥巴马在2008年拿下但是2012年将会拱手相让给罗姆尼的州。

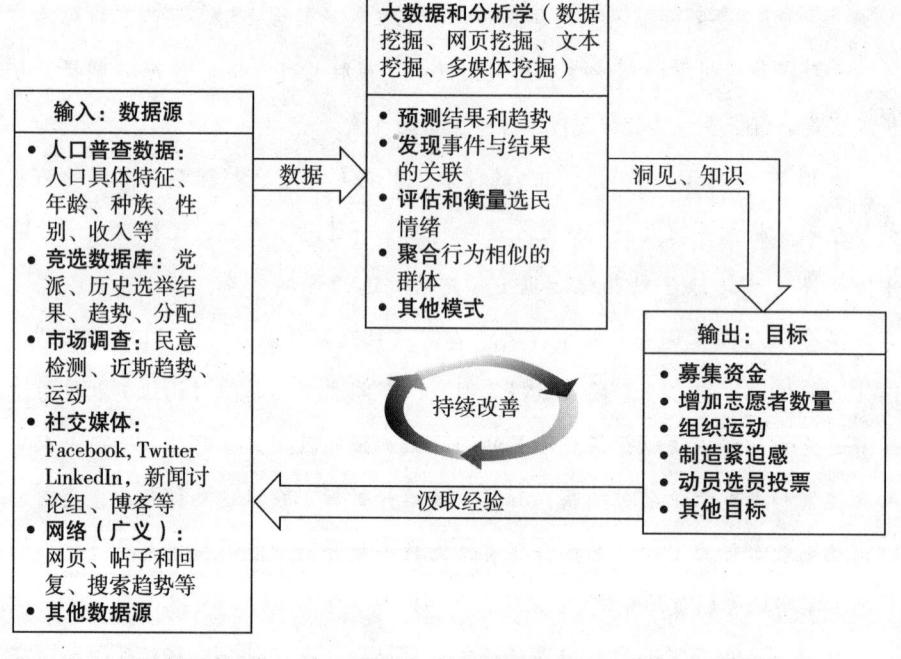

大数据和分析学（数据挖掘、网页挖掘、文本挖掘、多媒体挖掘）
- 预测结果和趋势
- 发现事件与结果的关联
- 评估和衡量选民情绪
- 聚合行为相似的群体
- 其他模式

输入：数据源
- **人口普查数据**：人口具体特征、年龄、种族、性别、收入等
- **竞选数据库**：党派、历史选举结果、趋势、分配
- **市场调查**：民意检测、近斯趋势、运动
- **社交媒体**：Facebook, Twitter LinkedIn，新闻讨论组、博客等
- **网络（广义）**：网页、帖子和回复、搜索趋势等
- **其他数据源**

数据 →　　洞见、知识 →

输出：目标
- 募集资金
- 增加志愿者数量
- 组织运动
- 制造紧迫感
- 动员选员投票
- 其他目标

持续改善　　汲取经验

图7—6　在政治竞选中运用大数据和分析学

简而言之，大数据和分析学已经成为政治竞选中不可缺少的一部分。政党路线间的使用和专业知识差别也许会消失，但分析能力的重要性却会持续增加。

译者后记

毫无疑问，我们如今所处的时代是数据挖掘和大数据分析的时代。在商业活动愈来愈复杂、愈来愈走向全球化的今天，决策者想要依靠现有的信息做出快速而有效的决策，大数据和数据挖掘是必不可少的。对于数据挖掘和大数据两者的热衷甚至可以说是追捧，让这两个词迅速成为人们天天挂在嘴边的话题。在现代商业社会，大数据早已不再是一个陌生的名词。大到跨国公司，小到商店进货，人们每天都在与大量的数据信息打交道。同时，大数据也正在为社会、商业的各个领域带来越来越深刻的影响。然而，要让大数据充分发挥其作用所要做的不仅仅是简单的数据堆砌，而是要深入地进行挖掘分析，从中获取和利用各种信息，使得无论是分析团队成员还是购买分析结果的用户都能够充分地运用这些信息。

《大数据掘金》一书从数据挖掘的历史、分类、术语展开，帮助读者熟悉情况，迅速进入角色；并介绍了数据挖掘这一领域的最佳案例，揭示了如何系统地运用数据，找出其中隐含的模式与联系，帮助读者更好地利用收集到的数据为自己服务。作者选取了适量的概念、技巧和案例帮助读者真正深入理解数据挖掘技术的运行原理。这些技术包括数据挖掘过程、方法与技巧，数据的作用与管理，工具与量表，文本与网页挖掘，情感分析，以及紧接下来的如何与最新的大数据分析方法进行整合。

本书语言简明易懂，即使对大数据及数据挖掘领域知之甚微的读者，也能够迅速理解其中的含义，普及大数据知识，消除对大数据存在的误解。而对于在这一领域有一定研究的读者，本书则有助于梳理数据挖掘方法，进而达到融会贯通，实现质的飞跃。所有想要了解数据挖掘，并想在这方面掌握一技之长的读者，本书都将助其加深理解、提高技能。

本书的翻译工作的顺利完成得到了来自各方面的大力支持。首先，感谢中国人民大学出版社商业新知事业部的编辑们付出的大量心血；其次，感谢北京外国语大学国际商学院张继红教授、李凤清、范中军、朱明西、林小溪、韩晓霜、刘运鑫、梁琦等研究生同学、金沙资本张晨昊董事长、周芳伊女士以及妻子宋笑鸥对翻译工作的大力支持。没有你们的支持和鼓励，本书就不可能顺利出版。此外，还需要感谢北京外国语大学国际商学院为翻译工作所提供的良好氛围，以及北京高等学校青年英才计划（#YETP0851）、北京外国语大学青年学术创新团队支持计划（#2015JT005）、卓越青年教师计划、中国文化走出去协同创新中心等项目的资金支持。译者在此表示由衷的感谢！

在翻译的过程中，译者对本书进行了严格校对，对其中术语翻译进行了反复商讨和考证，但由于水平所限，出现欠妥之处在所难免，敬请读者谅解。如有任何意见或建议，尚祈不吝赐教，详情请发邮件至 xiaosong.ding@hotmail.com。

丁晓松　宋冰玉

北京阅想时代文化发展有限责任公司为中国人民大学出版社有限公司下属的商业新知事业部，致力于经管类优秀出版物（外版书为主）的策划及出版，主要涉及经济管理、金融、投资理财、心理学、成功励志、生活等出版领域，下设"阅想·商业"、"阅想·财富"、"阅想·新知"、"阅想·心理"以及"阅想·生活"等多条产品线。致力于为国内商业人士提供涵盖先进、前沿的管理理念和思想的专业类图书和趋势类图书，同时也为满足商业人士的内心诉求，打造一系列提倡心理和生活健康的心理学图书和生活管理类图书。

阅想·商业

《故事场景摩天楼：不再制造营销，开始创造世界》

- 《纽约时报》畅销书，亚马逊营销类图书Top100。
- 麒灵广告全球首席创意总监莱戈布鲁、全球首席品牌战略执行官麦科尔，倾力奉献麒灵的品牌营销智慧。
- 伟大的故事、身临其境的场景体验和系统思维结合的一种新时代的商业理念与商业途径。
- 将传统的品牌传播渠道转化为全民体验与参与的场景，让更易感知的品牌世界为企业带来不可思议的成功。

《Eyeful演讲实验室：超震憾可视化演讲设计教程》

- 世界排名前三的演示咨询和设计公司Eyeful Presentations的演讲设计秘籍。
- 本书作者是Eyeful演讲公司创始人、国际知名演讲培训专家西蒙·莫顿，他将亲自展示如何做出颠覆传统与视觉的PPT演讲。
- 通过本书你将学会如何分析听众、搭建故事结构、组织信息、数据，形成丰富的内容，如何选择图像和视觉概念，如何为你的演讲选择合适的演讲方式、演示工具。
- 《Eyeful演示实验室》将帮你成为像TED主讲人、乔布斯等一样优秀的演讲人。

《大数据经济新常态：如何在数据生态圈中实现共赢》（"商业与大数据"系列）

- 一本发展中国特色的经济新常态的实践指南。
- 客户关系管理和市场情报领域的专家、埃默里大学教授倾情撰写。
- 中国经济再次站到了升级之路的十字路口，数据经济无疑是挖掘中国新常态经济潜能，实现经济升级与传统企业转型的关键。
- 本书适合分析师、企业高管、市场营销专家、咨询顾问以及所有对大数据感兴趣的人阅读。

《大数据供应链：构建工业 4.0 时代智能物流新模式》（"商业与大数据"系列）

- 一本大数据供应链落地之道的著作。
- 国际供应链管理专家娜达·桑德斯博士聚焦传统供应链模式向大数据转型，助力工业 4.0 时代智能供应链构建。
- 未来的竞争的核心将是争夺数据源、分析数据能力的竞争，而未来的供应链管理将赢在大数据。

《大数据产业革命：重构 DT 时代的企业数据解决方案》（"商业与大数据"系列）

- IBM 集团副总裁、大数据业务掌门人亲自执笔的大数据产业宏篇巨著。
- 倾注了 IT 百年企业 IBM 对数据的精准认识与深刻洞悉。
- 助力企业从 IT 时代向 DT 时代成功升级转型。
- 互联网专家、大数据领域专业人士联袂推荐。

《互联网+技术融合风暴：构建平台协同战略与商业敏捷性》

- 打造互联网+平台的五大核心技术——云计算、社交媒体、移动终端、视频以及大数据。
- 一场"技术融合的完美风暴"，注定会掀起互联网+时代企业升级换代的新高潮。
- 技术的完美风暴——云计算、社交媒体、移动、视频和大数据融合的共同作用决定着新一代互联网企业对内和对外协作制定什么样的目标、任务和战略。这五项技术发展融合起来，正在成为改变现代商业的引擎。
- 互联网+时代，各行业面临的挑战就是如何迎接和利用当下正在发生的大规模技术融合。

《碎片化时代：重新定义互联网+商业新常态》

- 《碎片化时代》就是关于技术革命的企业生存指南。
- 本书作者史蒂夫·萨马蒂诺被公认为是科技和商业领域思想领袖，他能帮助企业摆脱工业时代的思维，获得互联网时代所需要的观念和流程。
- 智囊传媒总裁傅强倾情作序。
- 经济学者何帆、心理管理学家、互联网商业研究专家陈禹安联袂推荐。

阅想官方微博：阅想时代
阅想微信公众号：阅想时代
（微信号：mindtimespress）

Authorized translation from the English language edition, entitled Real-World Data Mining: Applied Business Analytics and Decision Making, 1 Edition, 978-0-13-355107-5 by Dursun Delen, published by Pearson Education, Inc, publishing as Pearson FT Press, Copyright © 2015 by Pearson Education Inc.

All rights reserved. No part of this book may be reproduced or transmitted in any form or by any means, electronic or mechanical, including photocopying, recording or by any information storage retrieval system, without permission from Pearson Education, Inc.

CHINESE SIMPLIFIED language edition published by PEARSON EDUCATION ASIA LTD., and CHINA RENMIN UNIVERSITY PRESS Copyright © 2015.

本书中文简体字版由培生教育出版公司授权中国人民大学出版社合作出版，未经出版者书面许可，不得以任何形式复制或抄袭本书的任何部分。

本书封面贴有 Pearson Education (培生教育出版集团) 激光防伪标签。无标签者不得销售。

版权所有，侵权必究

图书在版编目（CIP）数据

大数据掘金：挖掘商业世界中的数据价值／（美）德伦著；丁晓松，宋冰玉译．—北京：中国人民大学出版社，2016.1
ISBN 978-7-300-22031-4

Ⅰ.①大… Ⅱ.①德… ②丁… ③宋… Ⅲ.①商业信息—数据处理 Ⅳ.①F715.51

中国版本图书馆 CIP 数据核字（2015）第 252672 号

大数据掘金：挖掘商业世界中的数据价值
［美］杜尔森·德伦 著
丁晓松 宋冰玉 译
Dashuju Juejin: Wajue Shangye Shijie Zhong de Shuju Jiazhi

出版发行	中国人民大学出版社			
社　　址	北京市中关村大街31号		邮政编码	100080
电　　话	010-62511242（总编室）		010-62511770（质管部）	
	010-82501766（邮购部）		010-62514148（门市部）	
	010-62515195（发行公司）		010-62515275（盗版举报）	
网　　址	http:// www.crup.com.cn			
	http:// www.ttrnet.com（人大教研网）			
经　　销	新华书店			
印　　刷	北京中印联印务有限公司			
规　　格	170 mm×230 mm　16开本		版　次	2016年1月第1版
印　　张	14.25 插页 1		印　次	2016年1月第1次印刷
字　　数	180 000		定　价	49.00元

版权所有　　侵权必究　　印装差错　　负责调换